Cherubino Gambardella

BE*LL*EZZA IMPERFE*TT*A
CHERUBINO GAMBARDE*LL*A

Prima edizione First edition Primera edición, 2022
ISBN 978-607-9489-91-5

© Arquine, SA de CV
Ámsterdam 163 A
Colonia Hipódromo, 06100
Ciudad de México
arquine.com

Testos Texts Textos
© Gerardo Caballero & Paola Gallino
© Corrado Di Domenico
© Marco Filoni
© Ricardo Flores & Eva Prats
© Maria Gelvi
© Bernard Khoury
© Sara Marini
© Giancarlo Mazzanti
© Luca Molinari
© Umberto Napolitano
© Francisco Pardo
© Efisio Pitzalis
© Franco Purini
© Benedetta Tagliabue
© Vitaliano Trevisan

Fotografia Photography Fotografía
© Degli autori specificati nei crediti fotografici
Of the authors listed on the credits page
De los autores especificados en los créditos fotográficos

Direttore Director Director
Miquel Adrià

Direzione editoriale Editorial director Dirección editorial
Brenda Soto Suárez

Assistenza editoriale Editorial assistant Asistencia editorial
Ana Luz Valencia

Progetto grafico Design Diseño
Ápice | Maira Fragoso

Traduzione / Inglese Translation / English Traducción / Inglés
Sacha Berardo

Correzione di stile / Spagnolo Copy editing / Spanish
Corrección de estilo / Español
Christian Mendoza

Prestampa Prepress Preprensa
Víctor Vicuña

Bellezza

Cherubino Gambardella

imperfetta

Cherubino Gambardella architettura come segreto sorridente Luca Molinari

Esistono luoghi nel mondo che hanno la capacità di contenere nel loro ventre il particolare e l'universale, l'alto e il basso, il mistero e la luce accecante del sole, tradizioni arcaiche ed iper-modernità, storie profonde e liquidità contemporanea, addensandoli in siti, progetti, opere e autori che li incarnano.

Questi luoghi sono dei naturali, potenziali, laboratori di un presente-futuro che non hanno eguali e che vanno interpretati con l'attenzione dell'antico alchimista che riusciva a trasformare la pietra in oro grazie a una sapienza distillata nel tempo.

In un mondo instabile e consumista come il nostro, in cui ogni cosa viene divorata in un attimo senza mai essere veramente assimilata, queste città-mondo sono delle riserve che vanno incontrate e abitate con attenzione e rispetto. Napoli è, oggi ma forse da sempre, una di queste realtà uniche e Cherubino Gambardella, architetto, è uno dei suoi più attuali interpreti, in quanto il suo destino personale è nutrito e s'intreccia completamente con questo universo e con tutte le sue potenti contraddizioni.

Sarebbe riduttivo e sviante pensare a Gambardella come a un architetto locale, solo perchè la maggior parte delle sue opere si situa in un'area geografica definita, proprio perché il territorio con cui si confronta quotidianamente presenta tutta una serie di domande e provocazioni che sarebbero facilmente generalizzabili alla maggior parte delle aree metropolitane del mondo e che, insieme, hanno potuto trovare soluzioni specifiche partorite a stretto contatto con un mondo particolare.

Oltre a questo, Gambardella appartiene a quella famiglia di autori contemporanei messa sotto assedio perché portatori di anomalie progettuali e ossessioni teoriche rispetto a un mondo d'immagini e parole d'ordine sempre più appiattite e generalizzate, che obbediscono all'impellente necessità di tranquillizzare i nostri demoni e di normalizzare ogni forma di diversità formale e simbolica che generi turbamento.

Il perturbante, il conflitto, le anomalie e le storture, quelle condizioni che sfregano la pelle e agitano gli animi perché ci pongono di fronte alle domande più profonde e alla fragilità delle nostre risposte attuali, sono materiali a forte reazione poetica che la maggior parte dell'architettura contemporanea evita con cura per evitare il crollo dei like e la perdita di quell'aura di perfezione formale che eccita la nostra ricerca di coolness collettiva.

Il lavoro di Gambardella si è sempre, ossessivamente, nutrito di una serie di elementi e caratteri del linguaggio moderno e mediterraneo che hanno costituito tra Napoli e Capri un inedito laboratorio di ricerca formale, capace di mescolare abilmente matrici geometriche e materiche arcaiche con alcuni caratteri delle avanguardie che in queste terre hanno trovato riposo e terreno fertile per esprimersi liberamente.

Libertà e gioco nella ricerca sulle forme dello spazio impastate in un confronto continuo con le storie che si sono stratificate nella cultura visiva italiana, generando quella anomalia laterale del moderno che ha segnato la cultura architettura nazionale lungo tutto il '900 e che ancora possiamo rintracciare in alcuni autori contemporanei. Il lavoro di ricucitura progettuale sul patrimonio storicizzato e moderno sviluppato lungo trent'anni da Gambardella, quel lavoro ossessivo sugli elementi archetipici dell'architettura che diventano ossessioni monocromatiche e dalle proporzioni spiazzanti, si muovono in parallelo con le sperimentazioni per edifici abbandonati su cui l'autore è stato chiamato a lavorare nei tempi più recenti. Nuovi paesaggi, prodotti stratificati del secolo passato, tossine di una modernità da cui bonificarsi diventano, da problemi, occasioni per una cultura architettonica che è chiamata a portare visioni inedite per un mondo che sta drammaticamente cambiando e che solleva interrogativi al mondo del progetto.

Solo lo spiazzamento di forme e contenuti consolidati, l'ironia che diventa corpo da abitare, il paradosso che si presta a ripensare luoghi senza identità, l'amore disincantato ma puro per la bellezza possono aiutare a rigenerare un architettura che ha perduto l'anima e che è chiamata a ripensarsi per la metamorfosi drammatica che il nostro mondo sta vivendo.

Cherubino Gambardella architecture as a smiling secret

There are places in the world that have the ability to contain in their womb the particular and the universal, the high and the low, the mystery and the blinding light of the sun, archaic traditions and hyper-modernity, profound stories and contemporary liquidity, thickening them in sites, projects, works and authors who embody them.

These places are natural, potential, laboratories of a present-future that have no equal and that must be interpreted with the attention of the ancient alchemist who was able to transform stone into gold thanks to a knowledge distilled over time.

In an unstable and consumerist world like ours, where everything is devoured in an instant without ever being truly assimilated, these world-cities are reserves that must be encountered and inhabited with attention and respect. Naples is, today but perhaps always, one of these unique realities and Cherubino Gambardella, architect, is one of its most current interpreters, as his personal destiny is nourished and is completely intertwined with this universe and with all its powerful contradictions.

It would be reductive and misleading to think of Gambardella as a local architect, just because most of his works are located in a defined geographical area, precisely because the territory he is confronted with on a daily basis presents a whole series of questions and provocations that would easily be generalizable to most of the metropolitan areas of the world and which, together, have been able to find specific solutions born in close contact with a particular world.

In addition to this, Gambardella belongs to that family of contemporary authors under siege because they are carriers of design anomalies and theoretical obsessions with respect to a world of increasingly flattened and generalized images and passwords, which obey the urgent need to reassure our demons and to normalize any form of formal and symbolic diversity that generates disturbance.

The disturbing, the conflict, the anomalies and the distortions, those conditions that rub the skin and agitate the minds because they confront us with the deepest questions and the fragility of our current answers, are materials with a strong poetic reaction that most of the contemporary architecture carefully avoids to avoid the collapse of likes and the loss of that aura of formal perfection that excites our search for collective coolness.

Gambardella's work has always been obsessively nourished by a series of elements and characters of the modern and Mediterranean language that have constituted an unprecedented formal research laboratory between Naples and Capri, capable of skilfully mixing geometric and archaic material matrices with some characteristics of avant-gardes who have found rest and fertile ground in these lands to express themselves freely.

Freedom and play in the research on the shapes of space mixed in a continuous comparison with the stories that have been stratified in the Italian visual culture, generating that lateral anomaly of the modern that has marked the national architectural culture throughout the twentieth century and that we can still trace in some contemporary authors. The work of mending the design on the historicized and modern heritage developed over thirty years by Gambardella, that obsessive work on the archetypal elements of architecture that become monochromatic obsessions and unsettling proportions, move in parallel with the experiments for abandoned buildings on which the author was called to work in more recent times. New landscapes, stratified products of the past century, toxins of a modernity from which to reclaim become, from problems, opportunities for an architectural culture that is called to bring unprecedented visions for a world that is dramatically changing and that raises questions to the world of design.

Only the displacement of consolidated forms and contents, the irony that becomes a body to be inhabited, the paradox that lends itself to rethinking places without identity, the disenchanted but pure love for beauty can help to regenerate an architecture that has lost its soul and which is called upon rethink itself due to the dramatic metamorphosis that our world is experiencing.

La arquitectura de Cherubino Gambardella como un secreto sonriente

Hay lugares en el mundo que tienen la capacidad de contener en su seno lo particular y lo universal, lo alto y lo bajo, el misterio y la luz cegadora del sol, las tradiciones arcaicas y la hipermodernidad, las historias profundas y la liquidez contemporánea; lugares que cohesionan todo esto en sitios, proyectos, obras y autores.

Estos lugares son laboratorios, naturales o potenciales, de un presente-futuro; laboratorios que no tienen igual y que deben ser utilizados con la atención del antiguo alquimista que supo transformar la piedra en oro gracias a un conocimiento que fue destilándose con el transcurso del tiempo.

En un mundo inestable y consumista como el nuestro, donde todo se devora en un instante sin que sea realmente asimilado, estas ciudades-mundo son reservas que hay que afrontar y habitar con atención y respeto. Nápoles es hoy, y quizás siempre lo será, una de estas realidades únicas. Cherubino Gambardella, arquitecto, es uno de sus intérpretes más actuales, ya que su destino personal se nutre y se entrelaza por completo con este universo y sus poderosas contradicciones.

Sería reduccionista y engañoso pensar en Gambardella como un arquitecto local sólo porque la mayoría de sus obras se ubican en un área geográfica definida ya que, el territorio al que se enfrentan diariamente, presenta toda una serie de interrogantes y provocaciones que serían fácilmente generalizables a la mayoría de las áreas metropolitanas del mundo, las cuales, en conjunto, han podido encontrar soluciones específicas que nacen en estrecho contacto con un mundo particular.

Sumado a esto, Gambardella pertenece a esa familia de autores contemporáneos que están bajo asedio, ya que son portadores de anomalías de diseño y obsesiones teóricas en un mundo de imágenes y claves cada vez más aplanadas y generalizadas, que obedecen a la urgente necesidad de tranquilizar a nuestros demonios y normalizar cualquier diversidad formal y simbólica que genere disturbios.

Lo inquietante, el conflicto, las anomalías y las distorsiones, esas condiciones que rozan la piel y agitan las mentes porque nos confrontan con las preguntas más profundas y la fragilidad de nuestras respuestas actuales, son materiales con una fuerte reacción poética que la arquitectura elude cuidadosamente para evitar el colapso de los gustos y la pérdida de esa aura de perfección formal que excita nuestra búsqueda por la frialdad colectiva.

La obra de Gambardella siempre se ha nutrido obsesivamente de una serie de elementos y personajes de la lengua moderna y mediterránea, los cuales constituyen un laboratorio formal de investigación sin precedentes entre Nápoles y Capri, desde el que es capaz de mezclar hábilmente matrices geométricas, materiales y arcaicas con algunas características de vanguardia que han encontrado reposo y terreno fértil para expresarse libremente en estas tierras.

Libertad y juego en la investigación sobre las formas del espacio se mezclan en una continua comparación con las historias que se han estratificado en la cultura visual italiana, lo que genera esa anomalía lateral de lo moderno que ha marcado la cultura arquitectónica nacional a lo largo del siglo XX y que aún podemos rastrear en algunos autores contemporáneos. A lo largo de 30 años, Gambardella ha desarrollado el trabajo de remendar el diseño sobre el patrimonio historizado y moderno. La labor obsesiva sobre los elementos arquetípicos de la arquitectura que se convierten en obsesiones monocromáticas y proporciones inquietantes, avanza en paralelo con los experimentos para edificios abandonados sobre los que se encontraba el autor en tiempos más recientes. Nuevos paisajes, productos estratificados del siglo pasado y las toxinas de una modernidad de la que todavía se pueden recuperar valores se convierten, a partir de los problemas, en oportunidades para una cultura arquitectónica que está llamada a traer visiones inéditas para un mundo que cambia dramáticamente y que plantea interrogantes al diseño.

Sólo el desplazamiento de formas y contenidos consolidados; la ironía que se convierte en un cuerpo para ser habitado; la paradoja que se presta a repensar lugares sin identidad; el amor desencantado aunque puro por la belleza, pueden ayudar a regenerar una arquitectura que ha perdido el alma y que está llamada a repensarse a sí misma debido a la dramática metamorfosis que vive nuestro mundo.

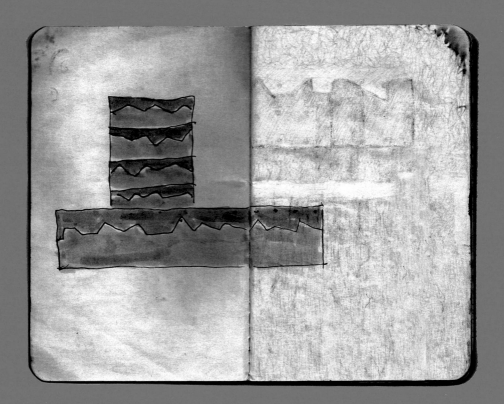

La forma evocatrice

Umberto Napolitano

Oggi guardo l'architettura attraverso il prisma della forma e del progetto, due elementi fondatori che Louis Khan definiva magistralmente: "La forma non ha limiti né dimensioni. (...) La forma è il "quid". Il progetto è il "come". La forma è impersonale. Il progetto è un fatto di autore". Attraverso queste lenti riesco a relazionarmi con quasi tutte le architetture, ad eccezione di quella di Gambardella.

Prima di incontrare Cherubino e Simona, non comprendevo né la forma delle loro opere, né la maniera in cui venivano generate. Eppure, ero già certo che si trattasse di fatti d'autore. Li ho conosciuti nel 2015 e immediatamente mi hanno invitato nella loro casa-studio: l'appartamento occupa l'intero piano di servizio di un palazzo napoletano del 17° secolo, appartenuto al principe di Bagnara. Appena varcata la soglia, colpisce il rapporto immediato, viscerale e intimo con l'architettura. Da un lato perché sono una coppia di architetti che abita il proprio studio, dall'altro perché questo stesso spazio è un piccolo museo del loro universo. Se l'architettura è l'arte di pensare i limiti tra le cose, Cherubino e Simona hanno deciso di cancellarli o, perlomeno, di sfumarli, per far coabitare l'universo familiare, domestico e professionale in un ecosistema unico da cui tutte le dimensioni traggono nutrimento reciproco.

Le pareti dell'ingresso sono smaltate in oro e il pavimento, in *opus incertum*, realizzato con frammenti di vecchia graniglia cementizia. Sulla sinistra si intravede un corridoio, probabilmente l'elemento più spettacolare e strutturante del progetto: un intestino lungo 30 metri, tappezzato di disegni di Cherubino, che attraversa da parte a parte lo studio. Si tratta di uno spazio paradossale, la cui forma, totalmente estranea alla struttura classica e ortogonale preesistente, si svincola anche dalla materialità, dai colori e dalle atmosfere dell'edificio neoclassico. L'esperienza sorprendente prosegue attraverso una piccola sala da pranzo, le cui pareti interne, sono trattate come una quinta urbana. Una volta nel soggiorno un grande arco anticipa la loggia neoclassica decorata da un dipinto murale argento e porpora che mostra una misteriosa scrittura, intensificata dalla presenza di spugne a rilievo sul soffitto e sulle pareti.

Nell'architettura di Simona e Cherubino, il decoro, che la modernità ha caricato di connotazioni negative, torna ad essere un elemento chiave. Grazie ad esso, l'architettura penetra dappertutto e tutto diventa parte dell'architettura: il colore delle stanze, i disegni sui muri, la collezione di pezzi d'arte, la miriade di oggetti che scandiscono gli spazi, l'arredamento, le foto d'autore e quelle di famiglia, i libri, i modelli nautici, il pianoforte e tutto il resto, sono elementi architettonici quanto le finestre, le porte, le mura o i soffitti. Le possibilità d'espressione diventano così illimitate: come a teatro, il decoro definisce e caratterizza ogni scena.

La forma come "quid" si definisce in qualche maniera attraverso la sovrapposizione, l'assemblaggio e l'addizione degli universi e dei ricordi. Gli spazi di questo appartamento, e probabilmente quelli dell'architettura di Simona e Cherubino, non hanno tempo né genere, sono insieme arcaici e contemporanei. L'appartamento-atelier di Gambardella è probabilmente il manifesto non divulgato dello studio, in cui l'architettura si lega segretamente alla vita e la vita al sogno: lo spazio non si indentifica più con una funzione ma si definisce attraverso una potenza lirica o metaforica. Nel dare un nome agli ambienti, Cherubino menziona la piazza, lo spazio poliedrico, lo spazio della riflessione e quello operativo del progetto. In quest'universo l'ornamento è necessario all'architettura, e lungi dall'essere un elemento marginale, diventa garante della metafora e custode della memoria.

Nell'architettura di Gambardella la forma è dunque sintesi evocatrice e il progetto inizia dalla costruzione di una trama narrativa a cui la forma stessa fa riferimento. Il primo atto è sempre uno slancio lirico, l'idea in nuce di un racconto che è forse ancora più esplicita nei collage di Cherubino. La loro è un'architettura fatta di storie, di miti che porta in sé i misteri di Napoli e del Mediterraneo.

The evocative form

I look at architecture through the prism of form and design, two founding elements that Louis Khan masterfully defined: "Form has no limits or dimensions. The form is the "quid". The project is the "how". The form is impersonal. The project is a matter of the author". Through these lenses I am able to relate to almost all architectures, with the exception of that of Gambardella.

Before meeting Cherubino and Simona, I did not understand the form of their works, nor the way in which they were generated. Yet, I was already certain that they were masterpieces. I met them in 2015, and they immediately invited me to their home-studio: the apartment occupies the entire service floor of a 17th century Neapolitan palace, which belonged to the Prince of Bagnara. As soon as you cross the threshold, the immediate, visceral and intimate relationship with architecture is striking. On the one hand, because they are a couple of architects who live in their own studio. On the other because this same space is a small museum of their universe. If architecture is the art of thinking about the limits between things, Cherubino and Simona have decided to cancel them or, at least, to blur them, to make the family, domestic and professional universe coexist in a single ecosystem from which all the dimensions.

The walls of the entrance are glazed in gold and the floor, in *opus incertum*, made with fragments of old cement grit. On the left, you can see a corridor, probably the most spectacular and structuring element of the project: a 30 m long intestine, covered with drawings by Cherubino, which crosses the study from side to side. It is a paradoxical space, whose shape, totally extraneous to the pre-existing classical and orthogonal structure, also frees itself from the materiality, colours and atmospheres of the neo-classical building. The surprising experience continues through a small dining room, whose interior walls, enriched with paintings and windows, are treated as an urban backdrop. Once in the living room, a large arch anticipates the neoclassical loggia decorated with a silver and purple mural that shows a mysterious writing, intensified by the presence of sponges in relief on the ceiling and walls.

In the architecture of Simona and Cherubino, the decoration, which modernity has been loaded with negative connotations, once again becomes a key element. Thanks to it, the architecture penetrates everywhere and everything becomes part of the architecture: the colour of the rooms, the drawings on the walls, the collection of art pieces, the myriad of objects that mark the spaces, the furniture, the author's photos and those of the family, the books, the nautical models, the piano and everything else, they are architectural elements as much as windows, doors, walls or ceilings. The possibilities of expression thus become unlimited: as in the theatre, the decoration defines and characterizes each scene.

The form as "quid" is defined in some way through the superimposition, assembly and addition of universes and memories. The spaces of this apartment, and probably those of Simona and Cherubino's architecture, have no time or genre, they are both archaic and contemporary. Gambardella's apartment-atelier is probably the studio's undisclosed manifesto, in which architecture is secretly linked to life and life to dreams: space is no longer identified with a function but is defined through a lyrical power or metaphorical. In naming the rooms, Cherubino mentions the square, the multifaceted space, the space for reflection and the operational space of the project. In this universe, ornaments are necessary for architecture, and far from being a marginal element, they become the guarantor of the metaphor and custodian of memory.

In Gambardella's architecture, form is therefore an evocative synthesis and the project begins with the construction of a narrative plot to which the form itself refers. The first act is always a lyrical impulse, the idea in a nutshell of a story that is perhaps even more explicit in Cherubino's collages. His is an architecture made up of stories, of myths that carries within it the mysteries of Naples and the Mediterranean.

La forma evocadora

Veo la arquitectura a través del prisma de la forma y el diseño, dos elementos fundacionales que Louis Kahn definió magistralmente: "La forma no tiene límites ni dimensiones. La forma es el 'qué', el proyecto es el 'cómo'. La forma es impersonal, el proyecto es un acto del autor." A través de estos lentes puedo relacionarme con casi todas las arquitecturas, excepto la de Gambardella.

Antes de conocer a Cherubino y Simona, no entendía ni la forma de sus obras, ni la manera en la que se generaban. Sin embargo, ya estaba seguro de que eran actos del autor. Los conocí en 2015, y de inmediato me invitaron a su casa-estudio: el apartamento que ocupa todo el piso de servicios de un palacio napolitano del siglo XVII, que perteneció al príncipe de Bagnara. Al cruzar el umbral, llama la atención la relación inmediata, visceral e íntima con la arquitectura. Por un lado, porque son una pareja de arquitectos que viven en su propio estudio. Por otro, porque este mismo espacio es un pequeño museo de su universo. Si la arquitectura es el arte de pensar en los límites, Cherubino y Simona han decidido anularlos o, al menos, difuminarlos, para hacer que el universo familiar, doméstico y profesional conviva en un único ecosistema del cual derivan todas las dimensiones.

Los muros de la entrada están vidriados en oro y el piso se realizó con fragmentos de gravilla de cemento viejo. A la izquierda se observa un corredor, probablemente el elemento más espectacular y estructurante del proyecto: un intestino de 30 m de largo, cubierto con dibujos de Cherubino, que atraviesa el estudio de lado a lado. Es un espacio paradójico cuya forma, totalmente ajena a la estructura clásica y ortogonal preexistente, se libera de la materialidad, colores y atmósferas del edificio neoclásico. La sorprendente experiencia continúa a través de un pequeño comedor, cuyas paredes se tratan como un telón de fondo urbano. Una vez en el salón, un gran arco anticipa la logia neoclásica decorada con un mural plateado y morado que muestra una escritura misteriosa, intensificada por la presencia de esponjas en relieve que están en el techo y las paredes.

En la arquitectura de Simona y Cherubino, la decoración, que la modernidad ha cargado de connotaciones negativas, vuelve a ser un elemento clave. Gracias a ella, la arquitectura penetra por todos lados y todo pasa a formar parte de ella: el color de las habitaciones, los dibujos en las paredes, la colección de piezas de arte, la miríada de objetos que marcan los espacios, los muebles, las fotografías de autor y de familia, los libros, las maquetas náuticas, el piano y todo lo demás, son elementos arquitectónicos tanto como las ventanas, las puertas, las paredes o los techos. Las posibilidades de expresión son, pues, ilimitadas: como en el teatro, la decoración define y caracteriza cada escena.

La forma como el "qué" se define, de alguna manera, a través de la superposición, ensamblaje y adición de universos y memorias. Los espacios de este apartamento, y probablemente los de la arquitectura de Simona y Cherubino, no tienen época ni género: son arcaicos y contemporáneos. El apartamento-taller de Gambardella es probablemente el manifiesto no revelado del estudio, en el que la arquitectura se vincula secretamente a la vida y la vida a los sueños: el espacio ya no se identifica con una función, sino que se define a través de un poder lírico o metafórico. Al nombrar las habitaciones, Cherubino menciona la plaza, el espacio poliédrico, el espacio de reflexión y el espacio operativo del proyecto. En este universo, el ornamento es necesario para la arquitectura y, lejos de ser un elemento marginal, se convierte en garante de la metáfora y custodio de la memoria.

En la arquitectura de Gambardella la forma es, por tanto, una síntesis evocadora y el proyecto comienza con la construcción de una trama narrativa a la que se refiere la propia forma. El primer acto es siempre un impulso lírico, la idea resumida de una historia que quizás sea aún más explícita en los *collages* de Cherubino. Su arquitectura está hecha de historias, de mitos que llevan consigo los misterios de Nápoles y del Mediterráneo.

Atelier gambardellarchitetti

Napoli, Italia | 2005 / 2019 | 500 m²

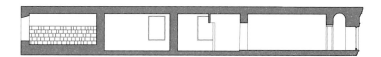

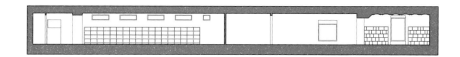

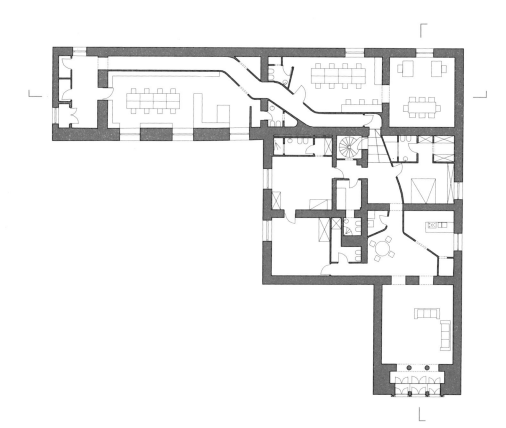

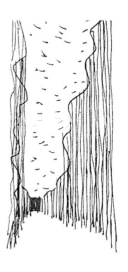

Come l'ombra di Corbu a Cheru.
Il progetto insperato

Efisio Pitzalis

Strappato dalla solitudine di un lontano esito fallimentare, un progetto riaffiora tra il ripetersi del web, superando l'eventuale differenza di una singolarità dimenticata. Cherubino è una figura poliedrica in grado di dare nuovo significato alle superfici attraverso la calibrazione di pieni e vuoti.

Un ipotetico processo che, ammettendo l'errore, consente il progredire della disciplina riconsiderando gli elementi dell'architettura moderna: il telaio, il tamponamento, la pensilina, i pilotis, la loggia, superano il presupposto originario e diventano emblemi di una scrittura autoriale sospesa tra il "gioco serio" della contraffazione e il richiamo del respiro classico.

L'edificio è racchiuso in un volume unitario, suddiviso in sezioni lamellari parallele: risultato di un processo di sommatoria che rivela la cornice parzialmente imprigionata nei tramezzi cuneiformi. A monte, il sistema di pensiline aeree con collegamenti a ponte si ancora al dislivello del terreno, segnando una rottura tra i percorsi di servizio e lo spazio intimo degli appartamenti. Il fronte a valle è animato dalle cornici dei parapetti e dei tramezzi che reggono il surrogato scultoreo di un panneggio mistilineo, con sporgenze e rientranze, utili a corrompere il consueto ritmo iterativo dettato dallo schema isotropo della maglia strutturale. Si tratta di un diaframma scavato su cui sembra impresso il calco delle "chambrettes" posizionate sul tetto de La Citè de Refuge, retaggio ancestrale di formazione: un eteronimo immaginario che si deposita trasfigurato nell'acquaforte negativa della parete di fondo.

Il luminoso contrasto cromatico e chiaroscurale della base svela la natura tettonica e alfabetica degli appoggi puntiformi, delle ringhiere metalliche filiformi, degli infissi in alluminio e delle persiane in pvc che evocano un canone domestico da rivalutare, un codice testuale del "banale" che, giocato sul filo di una calcolata "imprecisione", svela l'autentico significato poetico e popolare di un'opera insperata.

Like the shadow of Corbu in Cheru.
The unexpected project

Torn from the loneliness of a distant bankruptcy, a project resurfaces between the recurrence of the web, overcoming the eventual difference of a forgotten singularity. Cherubino is a multifaceted figure able to give new meaning to the surfaces as well as to the calibration between full and empty spaces.

A hypothetical process which, by admitting the error, allows for the progress of the discipline, and reconsider the elements of modern architecture: the frame, the infill, the shelter, the *pilotis*, the loggia, that exceed the original assumption and become emblems of an authorial writing suspended between the "serious game" of counterfeiting and the call of classic breath.

The building is enclosed in a unitary volume, divided into parallel lamellar sections: the result of a summation process that reveals the frame partially imprisoned in the cuneiform partitions. Further along, the system of aerial shelters with bridge connections anchors itself to the difference in level of the ground, marking a break between the serving paths and the intimate space of the apartments. The downstream front is animated by the frames of the parapets and partitions that hold the sculptural surrogate of a mixtilinear drapery, with protrusions and recesses, useful to corrupt the usual iterative rhythm dictated by the isotropic scheme of the structural mesh. It is an excavated diaphragm upon which the cast of the "*chambrettes*" positioned on the roof of La Citè de Refuge seems to be imprinted, an ancestral legacy of formation: an imaginary heteronym that is deposited transfigured into the negative etching of the back wall.

The bright chromatic and chiaroscuro contrast of the base set to reveal the tectonic and alphabetic nature of the point-like supports, the thread-like metal railings, the aluminum frames and the PVC shutters that evoke a domestic canon to be re-evaluated, a textual code of the "Banal" which, played on the edge of a calculated "imprecision", reveals the authentic poetic and popular meaning of an unexpected work.

Como la sombra de Corbu en Cheru. El proyecto inesperado

Arrancado de la soledad de un desenlace lejano de la insolvencia, un proyecto resurge entre la recurrencia de la web, superando la eventual diferencia de una singularidad olvidada. Cherubino es una figura polifacética capaz de dar un nuevo significado a las superficies y a la calibración entre espacios llenos y vacíos.

Un proceso hipotético que, al admitir el error, permite el progreso de la disciplina, y reconsidera los elementos de la arquitectura moderna: los marcos, los cerramientos, los aleros, los pilotes y las logias que superan el supuesto original y se convierten en emblemas de un escrito de autor suspendido entre el "juego serio" de la falsificación y el espíritu del aliento clásico.

El edificio se encierra en un volumen unitario, dividido en tramos paralelos: el resultado de un proceso de suma que revela el marco parcialmente aprisionado en los tabiques cuneiformes. Arriba, el sistema de aleros se ancla al desnivel del terreno, marcando una ruptura entre los caminos de servicio y el espacio íntimo de los apartamentos. Abajo, el frente está animado por los perfiles de los barandales y los tabiques que sostienen el sustituto escultórico de un cortinaje mixtilíneo, con entrantes y salientes, útiles para corromper el ritmo habitual dictado por el esquema isotrópico de la malla estructural. Se trata de un diafragma excavado en el que parece estar impreso el molde de las "chambrettes" colocadas en el techo de La Citè de Refuge, un legado ancestral de formación: un heterónimo imaginario que se deposita transfigurado en negativo, grabado de la pared trasera.

El contraste cromático brillante y claroscuro de la base revela la naturaleza tectónica y alfabética de los soportes puntiagudos, las barandillas metálicas filiformes, los marcos de aluminio y las contraventanas de PVC que evocan un canon doméstico a rehacer; un código textual de lo "banal" que, jugado al borde de una "imprecisión" calculada, revela el auténtico sentido poético y popular de una obra inesperada.

Case popolari

Ancona, Italia | 1999-2000 / 2006-2008 | 1,200 m^2

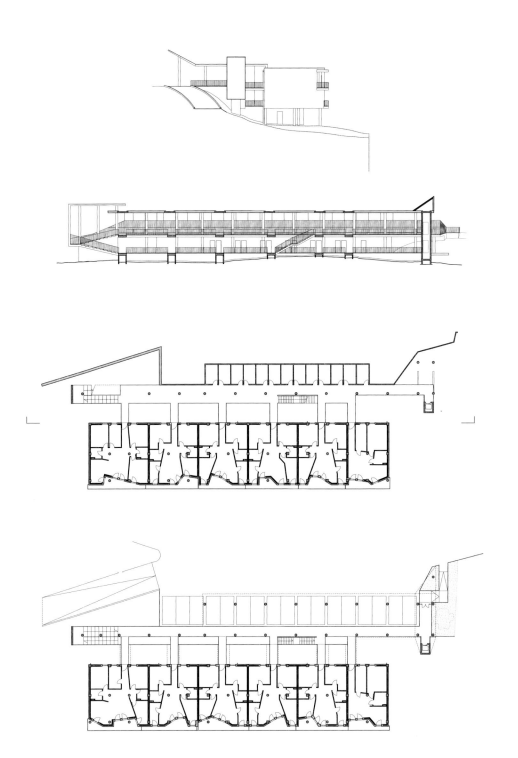

Spaghetti & brioches   Benedetta Tagliabue

La montagna napoletana, Castel Sant'Elmo, mangiare la mozzarella, scoprire l'odore e il gusto di una città meravigliosa. In una situazione del genere, a Napoli, negli anni '90, ho conosciuto Cherubino Gambardella.

Ero col mio compagno che mi ha accompagnato nella vita e nel lavoro di quel tempo: Enric Miralles, con il quale ho condiviso ogni momento di apprendimento e di piacere. In quegli anni davamo lezioni a Castel Sant'Elmo insieme a tanti altri architetti stranieri e locali. Il risultato è stato un momento indimenticabile. Credo che le influenze reciproche, scambiarsi idee, combatterle, litigare, ridere e mangiare insieme spaghetti e mozzarella, gelato in brioches e caffè meravigliosi fosse un modo per avvicinarsi tra architetti, insegnanti e studenti, spagnoli, tedeschi, portoghesi, italiani. Così, le nostre rispettive architetture sono maturate in molte forme inaspettate, fecondate da questi incontri.

L'architettura di Cherubino è cresciuta negli anni. Allora forse ho pensato che questo nome, "Cherubino", indicasse un giovane ancora in tenera età, e, probabilmente, così era. Ora Cherubino Gambardella è diventato un esperto architetto, con opere alle spalle e architetture — come questa biblioteca — che fanno parte del suo presente. Ha una filosofia del fare, un rapporto con un territorio e tante amicizie che si sono consolidate, come la nostra. Le sue architetture sono coraggiose e giocano con il frammento, con il classico e la sua rottura, con la sorpresa. Mi piacciono per essere sempre inaspettate, sorprendenti e per farsi capire. Come noi, ama i collage. Questi forse gli danno l'impulso di accettare i risultati, regalandogli un'architettura coraggiosa.

Ricorderò sempre, con piacere, quei bei momenti di incontro a Napoli e l'importanza dello scambio di esperienze per crescere.

Spaghetti & brioches

The mountains in Naples, Castel Sant'Elmo, eat mozzarella, discover the smell and taste of a wonderful city. It was in such a situation that I met Cherubino Gambardella in Naples in the 1990's. My partner accompanied me in life and work of that time: Enric Miralles, with whom I shared every moment of learning and pleasure. In those years, we gave lessons at Castel Sant'Elmo together with many other foreign and local architects. The result was an unforgettable moment. I believe that mutual influences, giving each other ideas, fighting with them, arguing, laughing and eating spaghetti and mozzarella together, ice cream in brioches and wonderful coffees was a way to get closer between architects, teachers and students, Spaniards, Germans, Portuguese and Italians. Thus, our respective architectures matured into many unexpected forms, fertilized by these encounters.

Cherubino's architecture has grown over the years. Then, perhaps I thought that this name, "Cherubino", indicated a young man still in his infancy, and, probably, it was so. Now, Cherubino Gambardella has become an expert architect, with works and architectures—like this library—that are part of his present. He has a philosophy of doing, a relationship with a territory and many friendships that have been consolidated, like ours. His architectures are courageous and play with the fragment, with the classic and its rupture, with surprise. I like them for always being unexpected and surprising. Like us, he loves collages. These perhaps give him the impulse to accept the results, giving him a courageous architecture.

I will always remember, pleasantly, those beautiful moments of meeting in Naples and the importance of exchanging experiences in order to grow.

Espagueti & brioches

Las montañas de Nápoles, el Castel Sant'Elmo, comer *mozzarella*, descubrir el olor y el sabor de una ciudad maravillosa. En este contexto, en los años 90 conocí a Cherubino Gambardella. Me acompañaba Enric Miralles, mi compañero de vida y trabajo de entonces, con quien compartí cada momento de aprendizaje y placer. En esa época, dimos una conferencia en el Castel Sant'Elmo junto con muchos otros arquitectos extranjeros y locales. El resultado fue un momento inolvidable. Creo que las influencias mutuas, compartir ideas, pelearlas, discutir, reír y comer juntos espagueti y *mozzarella*, helados, brioches y cafés maravillosos fue una forma de acercarnos entre arquitectos, profesores y alumnos españoles, alemanes, portugueses e italianos. Así, nuestras respectivas arquitecturas maduraron de muchas formas inesperadas, fertilizadas por estos encuentros.

La arquitectura de Cherubino ha crecido a lo largo de los años. Entonces tal vez pensé que este nombre —"Cherubino"— indicaba a un joven aún en su infancia y, probablemente, así era. Ahora Cherubino Gambardella se ha convertido en un arquitecto experto, con obras a sus espaldas y arquitecturas —como esta biblioteca— que forman parte de su presente. Tiene una filosofía del hacer, una relación con un territorio y muchas amistades que se han consolidado, como la nuestra. Sus arquitecturas son valientes y juegan con el fragmento, con lo clásico y su ruptura, con la sorpresa. Me gustan por ser siempre inesperadas y sorprendentes. Como a nosotros, le encantan los *collages*. Éstos quizás le den el impulso de aceptar los resultados, proveyéndole de una arquitectura valiente.

Siempre recordaré, gratamente, esos hermosos momentos de encuentro en Nápoles y la importancia de intercambiar experiencias para crecer.

Biblioteca del Dipartimento di Architettura e Disegno Industriale dell'Università degli Studi della Campania Luigi Vanvitelli

Aversa, Italia | 2005 / 2016-2018 | 600 m²

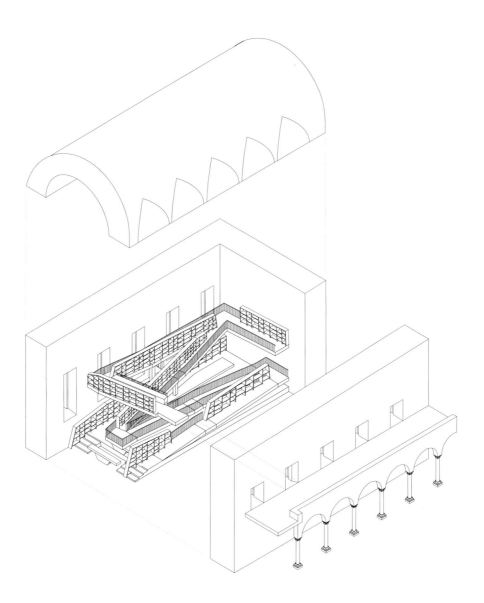

A proposito di Terragni

Francisco Pardo

Quando ho iniziato la carriera in architettura nel 1993, ho pensato che l'idea principale dell'essere architetto fosse quella di realizzare punti di riferimento, musei, scuole. Elementi estranei a tutto, come sculture su un podio, isolate, intoccabili. Già durante il mio master, alla Columbia, ricordo una conversazione al caffè tra Jeffrey Kipnis e Peter Eisenman, che parlavano del Guggenheim di Bilbao. Scherzando, Eisenman ha affermato che non era il primo edificio del 21° secolo: era piuttosto l'ultimo del 20° secolo. L'ho trovato affascinante, perché quello che stavano sostenendo era che forse questo edificio rappresentava la fine di un'era.

Gli anni sono passati e poco a poco mi sono immerso nell'idea della città e del riuso, consapevole del dispendio energetico che demolire e costruire rappresentano. L'atto più sottile in architettura oggi è riutilizzare, dare vita a strutture esistenti attraverso la comprensione del contesto attuale, e proporre come si possa cambiare il DNA di un edificio esistente, che abbia o meno "valore". Non si tratta tanto di restaurare, ma di ricomprendere che una struttura può avere lo stesso valore di prima o anche di più.

Nell'edificio della Casa del Fascio a Lissone, mi sembra importante sottolineare che Cherubino Gambardella fa proprio questo: non restaura, ma sistema una grande struttura dell'architetto Giuseppe Terragni. Gambardella non ha paura. Al contrario, trova il modo di non usare storicismi, cambia ciò che deve cambiare e reinterpreta ciò che è reinterpretabile. Collega l'edificio con la piazza pubblica e genera nuove partizioni rileggendo l'originale, ma non copiandolo. Questo non è un restauro, è un'opera di riuso, di design contemporaneo di cui ogni città ha bisogno. Basta con le rovine, servono infrastrutture progettate e pensate, e se la tela con cui si lavora sullo sfondo è di Terragni, cosa c'è di meglio.

About Terragni

When I started my career in architecture on 1993, I thought that the main idea of being an architect was to create unique objects, landmarks, museums, schools. Elements extraneous to everything, like sculptures on a pedestal, isolated, untouchable. During the master in Columbia, I remember a coffee-break chat between Jeffrey Kipnis and Peter Eisenman who talked about the Guggenheim in Bilbao, as a joke and not, Eisenman said that the Guggenheim (recently inaugurated) was not the first building of the 21st century, but rather was the last of the 20th century. I found it fascinating, because what they were discussing was that perhaps that building was closing an era.

Years went by and little by little I became more and more converted to the idea of the city and its reuse: the energy costs of demolishing and constructing are very high. The most subtle act in today's architecture is to reuse, give life to existing structures by understanding the current context, the new digital social dynamics and understanding how the DNA of an existing building can be modified, whether it has ¨value¨ or not. This is far beyond restoration because a structure can have the same value as before or even more.

In the building of the Casa del Fascio in Lissone, it is important to highlight how Cherubino Gambardella does just that: he does not restore, but fixes a large structure by the architect Giuseppe Terragni. Gambardella is not afraid. On the contrary,

he finds a way not to use historicisms, he changes what must be changed and rein-
terprets what is reinterpretable. He connects the building with the public square and
generates new partitions by re-reading the original, but not by copying it. This is not a
restoration, it is a work of reuse, of contemporary design that every city needs. Enough
with the ruins, designed and thought-out infrastructures, and if the canvas you work
with in the background is by Terragni, what could be better.

A propósito de Terragni

Cuando empecé la carrera de arquitectura en 1993, pensé que la idea principal de
ser arquitecto era hacer hitos, museos, escuelas: elementos desvinculados a todo,
como esculturas sobre un zócalo, aisladas, intocables. Ya en la maestría, en Columbia,
recuerdo una plática de café entre Jeffrey Kipnis y Peter Eisenman, quienes hablaban
del Guggenheim de Bilbao. Medio en broma, Eisenman decía que no era el primer
edificio del siglo XXI: más bien, era el último del siglo XX. Me pareció fascinante, porque lo que estaban argumentando era que posiblemente ese edificio representaba el
final de una época.

Pasaron los años y poco a poco me fui involucrando más en la idea de la ciudad y
del reúso, consciente del gasto energético que representa demoler y construir. El acto
más sutil hoy en la arquitectura es el de reusar, dar vida a las estructuras existentes
entendiendo el contexto actual, y proponer cómo se puede cambiar el ADN de un
edificio existente, tenga "valor" o no. No tanto es restaurar, sino re-entender que una
estructura puede tener el mismo valor que antes, o inclusive más.

En la Casa del Fascio en Lissone, me parece importante recalcar que Cherubino
Gambardella hace exactamente esto: no restaura, más bien pone a punto una gran
estructura del arquitecto Giuseppe Terragni. Gambardella no tiene miedo. Por el contrario, encuentra la manera de no usar historicismos, cambia lo que tiene que cambiar y
reinterpreta lo reinterpretable. Conecta al edificio con la plaza pública y genera nuevas
particiones reinterpretando el original, pero no copiando. Esto no es una restauración,
es una obra de reúso, de diseño contemporáneo, que toda ciudad necesita. Basta ya
de ruinas: necesitamos infraestructura diseñada y pensada, y si el lienzo con el que
trabajas de fondo es de Terragni, qué mejor.

Restauro della Casa del Fascio

Lissone, Italia | 2019-2021 | 2,500 m²

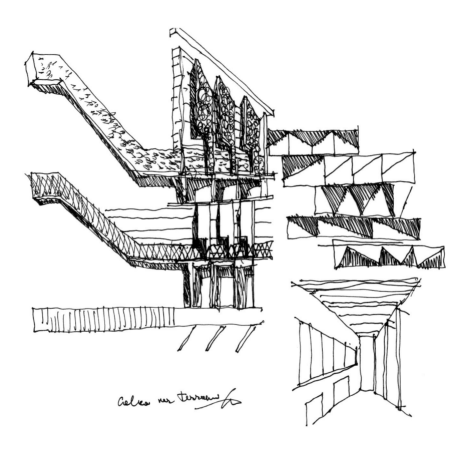

albeo ner terran

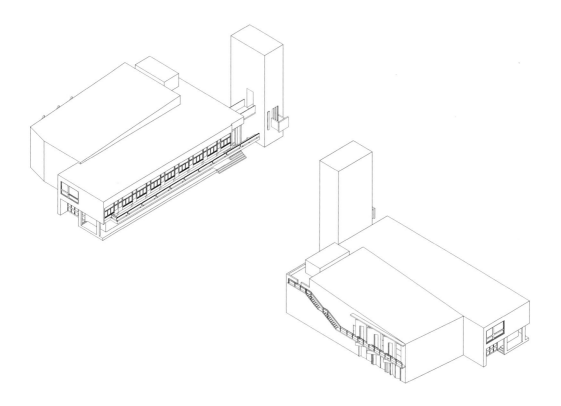

La casa dagli occhi blu

Corrado Di Domenico

Una casa dalle ciglia colorate che strizza l'occhio a possibili incontri e giornate felici si svela al paesaggio e se ne impossessa come una presenza inaspettata. Una vestale tra colline brulle verso il mare che fa da preludio a un tempio. Dal punto di vista dell'accesso quasi ci accompagna e ci mostra come e dove guardare. Ci mostra e si mostra. Le ciglia sono porte e finestre con le cornici protese verso il paesaggio piuttosto che il semplice invito verso l'interno. Chiaramente è una casa viva e parlante.

A volte l'architettura si trasforma in un oggetto con una personalità attiva, come un attore che recita in scena. Qui la dimensione recitativa e scenica dell'architettura, delle sue colonne, dei pergolati è ancora più forte. Tutti elementi inventati "di nuovo", per un'architettura senza storia, che non riconosce la temporalità del continuum ma si installa direttamente alla fonte della forma. Le pergole, quindi, poggiano a baldacchino invece di essere sostenute da pilastri e forniscono un sistema spaziale che si dirama verso il paesaggio. Ancora una volta, più orizzontali si aprono verso le viste esterne. Tutto il paesaggio viene poi inquadrato, non appena ci si gira a ritroso verso il prospetto sud, la compostezza della facciata è tutta contenuta in un gioco di basamenti e primo ordine di colonnato, misurato e immenso allo stesso tempo. Un pergolato come nessuno ha mai visto! Tutto è spazio, tutto è una trasformazione plastica di aria e luce da tutti i lati che circondano la casa. Una reinvenzione completa di tutti i diaframmi in architettura, di tutti i dispositivi spaziali che emanano dal pronao, ai portici, ai peritteri, ai percorsi processionali, dalla Casa del Giardiniere di Schinkel, alla musica visiva di Paul Valéry.

Così le sferze di porte e finestre brillano ancora in una giostra di toni blu-azzurri, muovendosi e mettendo in moto tutt'intorno un vero e proprio meccanismo sonoro. Uno spirito mediterraneo da far girare la testa.

The blue-eyed house

A house with coloured eyelashes that winks at possible encounters and happy days reveals itself to the landscape and takes possession of it as an unexpected presence. A vestal between barren hills towards the sea is the prelude to a temple. From the perspective of access, it almost accompanies us and shows us how and where to look. It shows us and shows itself. The eyelashes are doors and windows with the frames reaching out towards the landscape rather than the simple invitation towards the interior. Clearly it is a living, talking house.

Sometimes architecture turns into an object with an active personality, like an actor acting on the stage. Here, the acting and scenic dimension of the architecture, of its columns, of the pergolas is even stronger. All the elements invented 'anew', for an architecture without history, which does not recognize the temporality of the continuum but is installed directly at the source of the form. Thus, the pergolas rest as canopies instead of being supported by piers and are grafted onto columns. They provide the house with a spatial system that branches out towards the landscape. Again, multiple horizontals open towards the external views. The whole landscape is then framed, just as soon as you turn backwards towards the south elevation, the composure of the facade is all contained in a game of the base and first order of colonnades, measured and immense at the same time. A pergola like no one has ever seen before! Everything is space, everything is a plastic transformation of air and light from all the sides that surround the house. A complete reinvention of all the diaphragms in architecture, of all the spatial devices that emanate from the pronaos, to the arcades, peripteras, processional paths, from Schinkel's House of the Gardener, to the visual music of Paul Valéry.

Thus, the lashes of the doors and windows still sparkle in a carousel of blue-light blue tones, moving and setting in motion a real 'sound' mechanism all around. A Mediterranean spirit that will make your head spin.

La casa de los ojos azules

Una casa de pestañas de colores, que guiña el ojo ante posibles encuentros, se revela al paisaje y se adueña de él como una presencia inesperada. Una vestal, entre colinas yermas hacia el mar, es la antesala de un templo. Pareciera que nos acompaña desde la perspectiva del acceso, mostrándonos cómo y dónde mirar. Nos muestra y se muestra a sí misma. Las pestañas son puertas y ventanas con los marcos que se extienden al paisaje, en lugar de una simple invitación hacia el interior. Claramente es una casa viva, que habla.

A veces, la arquitectura se convierte en un objeto con una personalidad activa, como un actor que actúa en el escenario. Aquí, la dimensión actoral y escénica de la arquitectura, de sus columnas, de las pérgolas, es todavía más fuerte, por todos los elementos inventados "de nuevo" para una arquitectura sin historia, que no reconoce la temporalidad, sino que se instala directamente en el origen de la forma. Así, las pérgolas descansan como marquesinas en lugar de apoyarse en columnas, las cuales proponen un sistema espacial que se ramifica hacia el paisaje. Además, múltiples perspectivas horizontales se abren hacia las vistas externas. Entonces, se enmarca todo el paisaje. Tan pronto como se gira hacia atrás, la compostura de la fachada está contenida en un juego de columnatas, medido pero inmenso. ¡Una pérgola como nadie ha visto antes! Todo es espacio, todo es una transformación plástica de aire y luz por todos los lados que rodean la casa. Una reinvención completa de todos los diafragmas, de todos los dispositivos espaciales que emanan del pronaos a las arcadas, a las perípteras, a los caminos procesionales, desde la Casa del Jardinero de Schinkel a la música visual de Paul Valéry.

Así, las pestañas de las puertas y ventanas aún brillan en un carrusel de tonos azul claro, moviéndose y poniendo en movimiento por todas partes un verdadero mecanismo sonoro. Un espíritu mediterráneo que te hará girar la cabeza.

Villa

Itri, Italia | 2014-2016 | 725 m^2

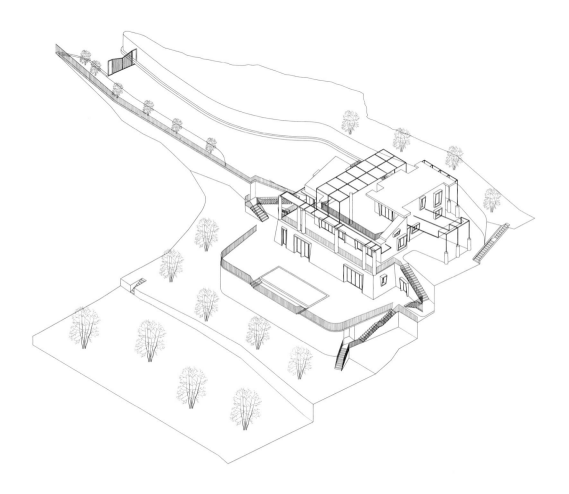

Molto con poco Maria Gelvi

Un limite sottile separa l'architettura dall'immaginario. Una membrana impalpabile, dove si cela la potenza di quella materia che si fa storia per consegnarsi come opera al tempo. Il *sogno Mediterraneo*, bianco, ben oltre la purezza tanto osteggiata, è la prima lettura di un mondo che chiede il riscatto alla tirannia della perfezione. Gambardella, infatti, cristallizza una legge universale dove la leggerezza di un presente complesso si mescola alle sofisticate influenze ed esigenze della contemporaneità. Tra mito e leggenda, il Mare Nostrum, seppur riverberato nel lavoro di tanti, è per questo autore un laboratorio a cielo aperto. La saggezza ascetica dell'imperfezione, sostenuta nel codice della bellezza democratica, è il credo di chi sente il bisogno di costruire un orizzonte magico per tutti, culmine sostanziale di un pensiero che di volta in volta diventa progetto, come un corollario di un piccolo miracolo.

Anche nel caso della scuola di Kelle sur Mer, nata in seguito a un incontro fortuito con la Onlus Formazione Solidale, la scommessa è ben precisa. Riaffiorano i mondi di quel Mediterraneo tanto amato, suggellato nel primo progetto di Adalberto Libera di una Malaparte sviscerata all'infinito nelle tante impossibili configurazioni, dove la forma si fa esperanto compositivo per mediare antico e presente e far luce alla naturale imperfezione della materia tanto amata.

Così, il recinto di mura rettifica quel lotto irregolare contenendo le funzioni principali poste ad un metro dal livello strada. Il basamento si fa vassoio diventando un piano che rammaglia gli spazi interni grazie a un corridoio. E la terrazza, con la sua leggera scala esterna, delinea la traccia indiscussa di infiniti mondi contaminati, fusi nel racconto del verosimile, dove ritornano le camere a cielo aperto di Nivola e Rudofsky mischiate al *Codice policromo* di *Centomila balconi*. Un racconto di anni, che rende Gambardella e la sua poetica, il rappresentante del *Neorealismo magico*, quell'architettura fondata sul "molto con poco" dove prendono vita tutte le sue passioni e ossessioni.

To do a lot with a little

A subtle limit separates architecture from the imaginary. An impalpable membrane, where the power of the material that becomes history to be delivered as a work to time. The *Mediterranean dream*, white, far beyond the much-opposed purity is the first reading of a world that asks for redemption from the tyranny of perfection. Gambardella crystallizes a universal law that he translates into his skillful work where the lightness of a complex present is mixed with the sophisticated influences and demands of contemporaneity. Between myth and legend, the mare Nostrum, albeit reverberated in the work of many, is for this author an open-air laboratory. The ascetic wisdom of imperfection, sustained in the codex of democratic beauty, is the creed of those who feel the need to build a magical horizon for everyone, the substantial culmination of a thought that becomes a project from time to time, as a corollary of a small miracle.

Even in the case of the school of Kelle sur Mer, created after a fortuitous meeting with the Onlus Formazione Solidale, the bet is very clear. The worlds of that beloved Mediterranean resurface, sealed in Adalberto Libera's first project of a Malaparte gutted to infinity in the many impossible configurations. Where the form becomes compositional Esperanto to mediate ancient and present and shed light on the natural imperfection of the much-loved material.

Thus, the wall enclosure rectifies that irregular lot, containing the main functions placed one metre from street level. The base becomes a tray, a top that recalls the interior spaces of different sizes, joined by a corridor. And the terrace, with its light external staircase, where the undisputed trace of infinite contaminated worlds is outlined, merged in the tale of the probable, where the open-air rooms of Nivola and Rudofsky return, mixed with the *Polychrome Code* of *One Hundred Thousand Balconies*. A story of years that makes Gambardella and his poetics the representative of magical Neorealism and that architecture based on "a lot with little", where all his passions and obsessions come to life.

Mucho con poco

Un límite sutil separa a la arquitectura de lo imaginario. Una membrana impalpable, donde se esconde el poder de ese material que se convierte en historia para ser entregado como obra. El *sueño mediterráneo*, blanco, mucho más allá de la tan opuesta pureza, es la primera lectura de un mundo que pide la redención de la tiranía de la perfección. Gambardella, de hecho, cristaliza una ley universal que traduce en su magistral obra, la cual mezcla la ligereza de un presente complejo con las sofisticadas influencias y exigencias de la contemporaneidad. Entre mito y leyenda, el Mare Nostrum, si bien reverbera en la obra de muchos, para este autor es un laboratorio al aire libre. La sabiduría ascética de la imperfección, sustentada en el códice de la belleza democrática, es el credo de quienes sienten la necesidad de construir un horizonte mágico para todos, la culminación sustancial de un pensamiento que se convierte en proyecto de vez en cuando, como corolario de un pequeño milagro.

Incluso en el caso de la escuela de Kelle sur Mer, nacida tras un encuentro fortuito con Onlus Formazione Solidale, la apuesta es muy clara. Los mundos de ese amado Mediterráneo resurgen, sellados en el primer proyecto de Adalberto Libera de un Malaparte destripado infinitamente en las múltiples configuraciones imposibles, donde la forma se convierte en esperanto compositivo para mediar entre lo antiguo y el presente, y arroja luz sobre la imperfección natural de la materia tan querida.

Así, el cerramiento del muro rectifica ese lote irregular, conteniendo las principales funciones ubicadas a un metro del nivel de la calle. El basamento se convierte en una tapa que contiene los espacios interiores de diferentes tamaños, unidos por un pasillo. Y en la terraza, con su ligera escalera exterior, se perfila la huella indiscutible de infinitos mundos contaminados, fundida en el relato de lo probable donde regresan las recámaras al aire libre de Nivola y Rudofsky, mezcladas con el *códice policromo* de *cien mil balcones*. Una historia de años que convierte a Gambardella y su poética en los representantes del neorrealismo mágico y de esa arquitectura basada en el "mucho con poco", donde todas sus pasiones y obsesiones cobran vida.

Scuola professionale

Kelle sur Mer, Senegal | 2015-2017 | 400 m²

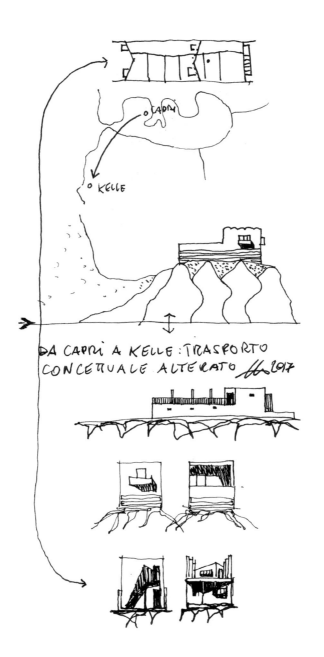

DA CAPRI A KELLE: TRASPORTO
CONCETTUALE ALTERATO 2017

Incontri all'altare

Ricardo Flores & Eva Prats

Siamo all'interno di un rudere, al riparo dalle intemperie, in una specie di grotta dove la luce arriva attraverso piccole fughe, quel tanto che basta per poter vedere ma anche per mantenere l'oscurità che ci fa perdere il senso del tempo. Entrare in questo interno senza tempo è entrare in uno scavo, con una volta il cui peso ne sottolinea la condizione di grotta, predisposto a contenere il cosmo al suo interno. Quando varchiamo la porta siamo già dentro, un tempio di dimensioni gigantesche dove la nuova costruzione di Cherubino Gambardella punta sul baricentro di quell'interno.

La nuova cappella crea uno spazio appartato nell'immensità di questo tempio, un'area in cui sedersi e parlare senza sentirsi sopraffatti dall'emozione che lo spazio originale produce. Al sicuro dalla forza brutale che emana dal luogo, possiamo osservare, semi-nascosta, la bellezza primitiva che ne è l'attrazione. La piccola telecamera, invece di nascondersi, è posta al centro, proprio sotto la volta per poterla vedere dal suo punto più drammatico, per poter vedere l'ingresso, così vicino e allo stesso tempo di una volta così lontano.

La cappella, invece, è trasparente, un intreccio leggero e invisibile che è la costruzione di un disegno, la grafite trasformata in legno, il disegno di Cherubino trasformato in costruzione. Mantenere questa astrazione nel passaggio dal progetto alla costruzione è molto difficile, ma qui era fondamentale non competere con la matericità e consistenza del rudere in cui si trova. Cherubino ci invita a parlare, a parlare senza svegliare i fantasmi che abitano il luogo. La scala di questo spazio suggerisce di affrontare temi intimi, ma le sue pareti aperte li trascenderanno e saranno ascoltati in tutto il tempio. Le due sedie contrapposte propongono un dialogo senza gerarchie, contrariamente al classico discorso della direzionalità frontale, dal pulpito. La proposta aggiorna il programma tradizionale della chiesa, assumendone il carico spirituale e portandolo alle cose terrene per curarle fin dalla cura, in modo più affettuoso. La grande mensa dell'altare si offriva per condividere un pranzo; qui si propone di condividere qualsiasi argomento, uno scambio aperto a qualsiasi religione. Quali conversazioni avranno luogo lì?

Meetings at the altar

We are inside a ruin, sheltered from the elements, in a kind of cave where the light comes through small leaks, just enough to be able to see but also to maintain the dark- ness that makes us lose the sense of time. Entering this timeless interior is like entering an excavation, with a vault whose weight underlines its condition as a cave, predisposed to contain the cosmos within itself. When we go through the door we are already inside, a temple of gigantic dimensions. The new construction by Cherubino Gambardella focuses on the centre of gravity of the interior.

The new chapel creates a secluded space within the immensity of this temple, an area in which to sit and talk without feeling overwhelmed by the emotion that the original space produces. Safe from the brutal force that emanates from the place, we can observe, semi-hidden, the primitive beauty that is its attraction. The small camera, instead of hiding, is placed in the centre, right under the vault so as to be able to see it from its most dramatic point, to see the entrance, so close and at the same time from a time so far away.

The chapel, however, is transparent, a light and invisible interweaving that is the construction of a design, graphite transformed into wood, Cherubino's design transformed into construction. Maintaining this abstraction in the passage from design to construction is very difficult, but here it was essential not to compete with the materiality and consistency of the ruin in which it is located. Cherubino invites us to talk without waking the ghosts that inhabit the place. The scale of this space suggests addressing intimate themes, but its open walls will transcend them and be heard throughout the temple. The two opposing chairs propose a dialogue without hierarchies, contrary to the classic discourse of frontal directionality, from the pulpit. The proposal updates the traditional church program, taking its spiritual load and bringing it to earthly matters to treat them from the cure, in a more affectionate way. The great altar offered to share a meal; here it is proposed to share any topic, an exchange open to any religion. What conversations will take place there?

Encuentros en el altar

Estamos en el interior de una ruina, protegidos de la intemperie, en una especie de gruta a la que llega luz por medio de pequeñas filtraciones, en penumbra, que nos hace perder el sentido del tiempo. Entrar en este interior atemporal es entrar en una excavación con una bóveda cuyo peso enfatiza su condición de cueva, preparada para contener el cosmos dentro de sí. Al atravesar la puerta ya estamos en un templo de escala gigantesca, donde la nueva construcción de Cherubino Gambardella se concentra en el centro de gravedad de ese interior.

La nueva capilla crea un espacio que se recoge dentro de la inmensidad de este templo, un ámbito en el que sentarse y conversar sin sentirse abrumado por la emoción que produce el espacio original. A salvo de la fuerza brutal que emana del lugar, podemos observar, semiescondidos, la belleza primitiva que es su atracción. La pequeña cámara, en vez de esconderse, se coloca en el centro, justo bajo la bóveda, para poder verla desde su punto más dramático desde la entrada, tan cercana al tiempo y tan distante.

Sin embargo, la capilla es transparente, una trama ligera e invisible que es la construcción de un dibujo, el grafito convertido en madera, el dibujo de Cherubino convertido en construcción. Mantener esta abstracción en el paso del dibujo a lo construido era clave para no competir con la materialidad y textura de la ruina en la que se encuentra. Cherubino nos invita a conversar, a hablar sin despertar a los fantasmas que habitan el lugar. La escala de este espacio sugiere tratar temas íntimos, pero sus paredes abiertas las harán trascender y ser oídas en todo el templo. Las dos sillas enfrentadas proponen un diálogo sin jerarquías, contrarias al discurso clásico de direccionalidad frontal, desde el púlpito. La propuesta actualiza el programa tradicional de la iglesia, tomando su carga espiritual y llevándola hacia asuntos terrenales para tratarlos desde el cuidado, de una manera más afectiva. La gran mesa del altar proponía compartir una comida; aquí se plantea compartir cualquier tema, un intercambio abierto a cualquier religión. ¿Qué conversaciones tendrán lugar?

Tegurium e capilla

Cimitile, Italia | 2021 | 12 m^2

Nuovo metrò

Giancarlo Mazzanti

Forse l'esercizio sviluppato da Cherubino Gambardela e Simona Ottieri nella stazione abbandonata di Scampia è un buon esempio di quello che sarà il futuro della nostra pratica professionale, dopo la pandemia di Covid che abbiamo vissuto.

Le grandi superfici degli edifici per uffici, le grandi fabbriche, stanno diventando obsolete dalle nuove forme di telelavoro; la domanda è cosa fare degli spazi per uffici o in un caso specifico delle strutture sottoutilizzate, come ripensarli da un punto di vista più comunitario e con usi aperti a tutti. Il riciclo e il riuso di strutture costruite con grandi risorse e consumi energetici sarà un tema fondamentale della pratica professionale di una società basata sull'essenziale e sull'austerità materiale, un'architettura organizzata con nuove regole basate su una minore produzione di materiali ed energia; riutilizzare, riciclare, sfruttare, riorganizzare, rimpicciolire, diminuire, riattivare, saranno strategie che vengono utilizzate ogni giorno di più in architettura per adattarsi alle sfide che il cambiamento climatico richiede.

In questo senso, il progetto è un ottimo esempio di come strutture come tante rovine incompiute o possibili edifici obsoleti nel paesaggio italiano possano essere riutilizzate e riciclate; e quindi come è possibile lavorare in orizzontale e in parallelo con altri mestieri, la nuova architettura della stazione ha accolto l'arte, il design, la musica; per attivare qualcosa di abbandonato in uno spazio riattivato e celebrato da una comunità.

La proposta creativa della coppia di architetti napoletani sceglie di introdurre un elemento simbolico alla maniera di un parassita dorato e mobile che utilizza l'esistente per evidenziare l'intervento, viaggiando nello spazio come agglutinatore di altre forme d'arte, fotografia e musica. Quasi che i bei disegni precedenti del progetto anticipassero un magico rapporto di riciclo, la strategia di introdurre un elemento strano in ciò che esiste consente nuovi modi di utilizzare lo spazio interno, attivando ciò che sembrava abbandonato in un bellissimo gioco di luminosità e attività comuni e artistiche.

In sintesi, la nuova Scampia dimostra come, con alcuni elementi e opzioni di riuso, possano trasformare una stazione della metropolitana in un luogo simbolico senza cadere in una strategia di sviluppo ed espansione.

New metro

Possibly the exercise developed by Cherubino Gambardela and Simona Ottieri at the abandoned Scampia station is a good example of what the future of our professional practice will be, after the Covid pandemic that we have experienced. The large surfaces of office buildings, large factories are becoming obsolete by the new forms of teleworking; The question is what to do with the office spaces or in a specific case of underused structures, how to rethink them from a more community point of view and with open uses for all. The recycling and reuse of structures built with great resources and energy consumption will be a fundamental theme of the professional practice of a society based on the essential and on material austerity, an architecture that is organized with new rules based on less production of materials and energy; reuse, recycle, take advantage of, reorganize, shrink, decrease, fleshing will be strategies that are used more and more every day in architecture to adapt to the challenges that climate change demands.

In this sense, the project is a great example of how structures such as many unfinished ruins or possible obsolete buildings in the Italian landscape can be reused and recycled; and therefore, as it is possible to work horizontally and in parallel with other trades, the new architecture of the station welcomed art, design, music; to activate something abandoned in a space reactivated and celebrated by a community.

The creative proposal of the pair of Neapolitan architects chooses to introduce a symbolic element in the manner of a golden and mobile parasite that uses what exists to highlight the intervention, traveling through the space as an agglutinator of other forms of art, photography and music. Almost that the beautiful previous drawings of the project anticipated a magical relationship of recycling, the strategy of introducing a strange element in what exists allows new forms of use of the interior space, activating what seemed abandoned in a beautiful game of brightness and communal and artistic activities.

In summary, the new Scampia demonstrates how, with some reuse elements and options, they can turn a metro station into a symbolic place without falling into a developmental and expansive strategy.

Nuevo metro

Posiblemente el proyecto desarrollado por Cherubino Gambardella y Simona Ottieri en la estación abandonada de Scampia es un buen ejemplo de lo que será el futuro de nuestro ejercicio profesional, después de la pandemia por COVID que hemos vivido.

Las grandes superficies de los edificios de oficinas y de tantas fábricas se están quedando obsoletas por las nuevas formas de teletrabajo. La pregunta es qué hacer con los espacios de oficinas o, en un caso específico, las estructuras subutilizadas: cómo repensarlas desde un punto de vista más comunitario y con usos abiertos para todos. El reciclaje y el reúso de estructuras construidas con grandes recursos y consumos de energía será un tema de importancia para el ejercicio profesional de una sociedad basada en lo indispensable y en la austeridad material. Una arquitectura que se organice con nuevas reglas basadas en menor producción de materiales y energía, y en reutilizar, reciclar, aprovechar, reorganizar, encoger, decrecer y descarnar estrategias que serán cada vez más usadas en la arquitectura para adaptarnos a los retos que nos demanda el cambio climático.

En este sentido, el proyecto es un gran ejemplo de cómo se pueden reutilizar y reciclar estructuras —el caso de muchas ruinas inacabadas o de posibles edificios obsoletos— y, por ende, de cómo se puede trabajar de forma horizontal y paralela con otros oficios. La nueva arquitectura de la estación acogió al arte, al diseño y a la música para activar algo abandonado en un espacio reactivado por una comunidad.

La propuesta opta por introducir un elemento simbólico a manera de un parásito dorado y móvil que utiliza lo que existe para resaltar la intervención, recorriendo el espacio a manera de un aglutinador de otras formas de arte, fotografía y música. Los bellos dibujos previos del proyecto casi anticipaban una relación mágica del reciclaje. La estrategia de introducir un elemento extraño en lo existente permite nuevas formas de uso del espacio interior, activando aquello que parecía abandonado en un bello juego de luminosidad y actividades comunales y artísticas.

En resumen, la nueva Scampia demuestra cómo, con algunos elementos y opciones de reúso, una estación de metro se puede convertir en un lugar simbólico sin caer en una estrategia desarrollista y expansiva.

Stazione Scampia

Napoli, Italia | 2018-2020 | 3,000 m²

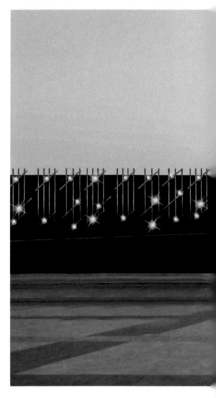

Il ragazzo d'oro

Gerardo Caballero & Paola Gallino

Il suo corpo è scheletrico, asciutto, povero di carne, così magro che potrebbe sgretolarsi e scomparire senza lasciare traccia e senza che nessuno se ne ricordi.

Si guarda intorno e si rende conto che ha bisogno di vestirsi. Scegliere i vestiti per andare a una festa comporta molti dubbi, il conflitto nel prendere decisioni. Anche l'indagine sul caso è necessaria: chi va? Dov'è, è in campagna o in città? Che tempo fa? È giorno o notte, una cena o un cocktail?

Vediamo quali sono gli abiti in camerino che sono stati usati per altre occasioni: ci sono le camicie blu, ci sono quelle verdi cangianti, degli abitini arancioni a righe verticali, ci sono anche i pantaloni bianchi e neri, gli abiti a quadri, ci sono anche le camicie bianco immacolato se l'occasione richiede discrezione. Forme, colori e fantasie che solo lui sa usare. Anche le cose più semplici, più comuni o banali diventano straordinarie.

Per l'occasione decide di realizzare un nuovo capo, una giacca lunga in tessuto dorato sembra essere la più adatta. L'efficacia della scelta si rivela proprio quando entra nella stanza e quando le persone intorno a lui indirizzano i loro sguardi sorpresi. Si distingue, ma non si scontra con gli altri ospiti, il bagliore del colore dorato si diffonde addirittura come riflesso luminoso per tutta la stanza e anche oltre, per le vie della città. Le forme triangolari che si attaccano all'abito gli conferiscono una particolare freschezza. Appaiono come tasche piegate che dà anche un certo movimento alla figura. In alto pensa che per completare l'outfit serva un gesto e aggiunge un cappello, a tesa molto larga, che proietta un'ombra tutt'intorno a lui e esalta la figura con un alone che inquadra, rendendolo legato anche ad alcuni personaggi italiani del dopoguerra. Nella parte inferiore, le scarpe col tacco di pietra conferiscono solidità all'impronta e un'aria classica che si abbina al pavimento del soggiorno. È soddisfatto perché riesce ad essere distinto ed elegante senza essere arrogante. Ora sì, il ragazzo è vestito e tutti lo chiamano "il ragazzo d'oro".

The golden boy

His body is skeletal, dry, poor in flesh, so thin that it could crumble and disappear without a trace and without anyone remembering it.

He looks around and realizes that he needs to get dressed. Choosing clothes to go to a party involves many doubts, the conflict of making decisions. The investigation of the case is also necessary: Who goes? Where is he, is he in the country or in the city? What's the weather like? Is it day or night, a dinner or a cocktail?

Let's see what clothes are in the changing room that have been used for other occasions: there are blue shirts, there are iridescent green ones, some orange vertical striped dresses, there are also black and white trousers, checked suits, there are also shirts immaculate white if the occasion calls for discretion. Shapes, colours and patterns that only he knows how to use. Even the simplest, most common or banal become extraordinary.

For the occasion, he decides to make a new garment, a long jacket in golden fabric seems to be the most suitable. The effectiveness of the choice is revealed exactly when he enters the room and when the people around him direct their surprised gazes. He stands out, but does not clash with the other guests, the flash of the golden colour even spreads as a luminous reflection throughout the room and even beyond, through the streets of the city. The triangular shapes that are attached to it give it a particular freshness. They look like folded pockets that gives a certain movement to the figure. At the top, he thinks that to complete the outfit he needs a gesture, and adds a very wide-brimmed hat that casts a shadow all around him. It enhances the figure with a halo that frames and stands out, making him linked to some post-war Italian characters. At the bottom, stone-heeled shoes give solidity to his foot-print and a classic air that matches the living room floor. He is satisfied because he manages to be distinguished and elegant without being arrogant. Now yes, the boy is dressed and everyone calls him "the golden boy".

El chico de oro

El cuerpo es esquelético, seco, pobre de carnes, de tan flaco podría desmoronarse y desaparecer sin dejar rastros y sin que nadie lo recuerde.

Mira a su alrededor y se da cuenta que necesita vestirse. Elegir la ropa para ir a una fiesta implica muchas dudas, el conflicto de tomar decisiones. Son necesarias también las averiguaciones del caso: ¿quiénes van?, ¿dónde será?, ¿es en el campo o en la ciudad?, ¿cómo es el clima?, ¿es de día o de noche?, ¿una cena o un cóctel?

Veamos qué prendas hay en el vestidor que se han usado para otras ocasiones: hay camisas azules brillantes, las hay verdes tornasoladas, algunos vestidos a rayas naranjas verticales; hay además pantalones blancos y negros, también hay camisas blancas inmaculadas. Formas, colores y tramas que sólo él sabe usar. Hasta lo más sencillo, común o banal se transforma en extraordinario.

Para esta ocasión, decide fabricar una prenda nueva, un saco largo de tela dorada parece ser lo más indicado. La eficacia de la elección se corrobora como acertada al entrar al salón, cuando la gente alrededor le dirige sus miradas sorprendidas. Se destaca, sí, pero no desentona con los demás invitados e invitadas, incluso el destello del color dorado se difunde como reflejo luminoso por toda la sala y más allá, hacia las calles de la ciudad. Las formas triangulares que se adosan al traje le otorgan una frescura particular. Aparecen como bolsillos plegados que otorgan un cierto movimiento a la figura. En la parte superior, piensa que para completar el atuendo necesita de un gesto y agrega un sombrero, de ala muy ancha que arroja sombra todo a su alrededor y enaltece la figura con un halo que lo enmarca, emparentándolo con algunas figuras italianas de posguerra. En la parte inferior, los zapatos con tacones de piedra le dan solidez a su pisada, además de un aire clásico que hace juego con el pavimento del salón. Está satisfecho porque logra ser distinguido y elegante, sin arrogancia. Ahora sí, el chico está vestido y todos lo llaman "el chico de oro".

Edificio residenziale

Montesarchio, Italia | 2001-2004 | 1,400 m²

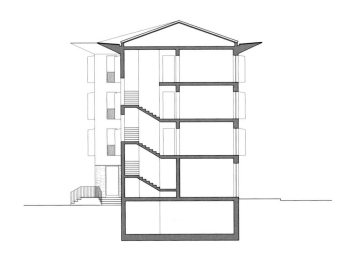

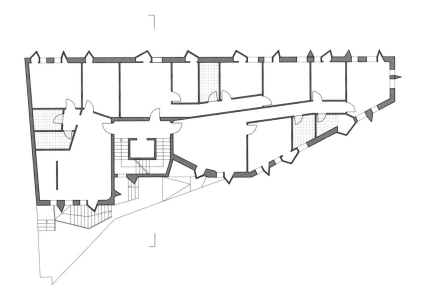

Due valori

Franco Purini

Ricorrendo a un'interpretazione forse troppo sintetica, ma spero abbastanza corretta, dell'idea che Cherubino Gambardella ha dell'architettura si potrebbe definire *evolutiva* la sua concezione sul costruire. In un testo limpido e coinvolgente dedicato a una delle sue ultime opere, il nuovo Rettorato dell'Università degli Studi della Campania Luigi Vanvitelli, egli espone la sua teoria e la conseguente poetica in termini fenomenologici, nel senso che per lui il valore autentico di un intervento architettonico si manifesta nel rappresentare la molteplicità dei livelli sociali, tecnici, utilitari ed espressivi che esso attraversa e produce. Per lui un'opera architettonica non è quindi il prodotto univoco di una serie di scelte che dovrebbero approdare a una forma tendente alla permanenza, ma un *sistema mobile* di relazioni spaziali e temporali con il contesto paesaggistico e urbano.

In effetti la scelta di non demolire la preesistenza per sostituirla con un'architettura del tutto nuova deriva proprio dal considerare il manufatto dismesso come un'entità che suggerisce la possibilità di ulteriori usi e di diverse configurazioni spaziali e formali. La rilettura progettuale del vasto edificio effettuata da Cherubino Gambardella ne conferma la struttura tettonica introducendo in essa un calibrato concerto di sottili *riscritture ambientali* connesse da una *luce* — la protagonista di questo ridisegno — che si articola in una serie di cromatismi timbrici che costituiscono nel loro insieme una *narrazione* densa di momenti analitici e di intuizioni ontologiche.

Le architetture gambardelliane sono luoghi sempre uguali ma anche misteriosamente cangianti, attuali e ogni volta sorprendentemente nuovi. Nel suo lavoro coesiste il *sublime* — il sublime della classicità — con il *pittoresco*, il mondo vitale e inaspettato delle casualità. Si tratta della fusione di due categorie storiche opposte che, nel loro convivere dialettico, esaltano sia l'essenza dell'architettura, la sua assolutezza, sia la necessità che la stessa architettura sia variabile, cambiando continuamente alcuni suoi caratteri, in un dialogo complesso e, a volte conflittuale, con chi la abita.

Two values

Using an interpretation that is perhaps too synthetic, but I hope quite correct, of the idea that Cherubino Gambardella has of architecture, we could define the concept of him building as evolutionary. In a clear and engaging text dedicated to one of his latest works, the new Rectorate of the University of Campania Luigi Vanvitelli, he exposes his theory and consequent poetics in phenomenological terms, in the sense that for him the authentic value of an architectural intervention is manifested in representing the multiplicity of social, technical, utilitarian and expressive levels that it crosses and produces. For him, an architectural work is therefore not the univocal product of a series of choices that should lead to a form tending to permanence, but a mobile system of spatial and temporal relationships with the landscape and urban context.

In fact, the choice not to demolish the pre-existence to replace it with a completely new architecture derives precisely from considering the abandoned building as an entity that suggests the possibility of further uses and of different spatial and formal configurations. The design reinterpretation of the vast building carried out by Cherubino Gambardella confirms its tectonic structure by introducing in it a calibrated concert of subtle environmental rewritings connected by a light—the protagonist of this redesign—which is articulated in a series of timbral chromatisms that together constitute a narrative full of analytical moments and ontological intuitions.

Gambardella's architectures are places that are always the same but also mysteriously changing, current and surprisingly new every time. In his work coexist the sublime—the sublime of classicism—with the picturesque, the vital and unexpected world of chance. It is the fusion of two opposing historical categories which, in their dialectical coexistence, enhance both the essence of architecture, its absoluteness, and the need for architecture itself to be variable, continually changing some of its characters, in a complex and, at times conflicting, with those who live there.

Dos valores

Utilizando una interpretación quizás demasiado sintética —pero espero que bastante acertada— de la idea que Cherubino Gambardella tiene de la arquitectura, su concepto de construcción podría definirse como evolutivo. En un texto claro y atractivo dedicado a una de sus últimas obras, el nuevo rectorado de la Universidad de Campania Luigi Vanvitelli, expone su teoría y subsiguiente poética en términos fenomenológicos, en el sentido de que, para él, el valor auténtico de una intervención arquitectónica se manifiesta en la representación de la multiplicidad de niveles sociales, técnicos, utilitarios y expresivos que atraviesa y produce. Para él, una obra arquitectónica no es, por tanto, el producto unívoco de una serie de elecciones que deben conducir a una forma tendiente a la permanencia, sino un sistema móvil de relaciones espaciales y temporales con el paisaje y el contexto urbano. De hecho, la elección de no demoler la preexistencia para reemplazarla por una arquitectura completamente nueva deriva precisamente de considerar al edificio abandonado como una entidad que sugiere la posibilidad de usos posteriores y, también, de diferentes configuraciones espaciales y formales. La reinterpretación del diseño del edificio realizada por Cherubino Gambardella confirma su estructura tectónica al introducir un concierto calibrado de sutiles reescrituras ambientales conectadas por una luz —la protagonista de este rediseño— que se articula en una serie de cromatismos tímbricos que constituyen una narrativa llena de momentos analíticos e intuiciones ontológicas.

Las arquitecturas de Gambardella son lugares que son siempre iguales, pero también misteriosamente cambiantes, actuales y sorprendentemente nuevos. En su obra convive lo sublime —lo sublime del clasicismo— con lo pintoresco, el vital e inesperado mundo del azar. Es la fusión de dos categorías históricas opuestas que, en su coexistencia dialéctica, realzan tanto la esencia de la arquitectura, su absolutismo, como la necesidad de que la arquitectura misma sea variable, cambiando continuamente algunos de sus caracteres, de forma compleja y a veces conflictiva, con quienes viven allí.

Nuovo Rettorato dell'Università degli Studi della Campania Luigi Vanvitelli

Caserta, Italia | 2016-2020 | 3,000 m²

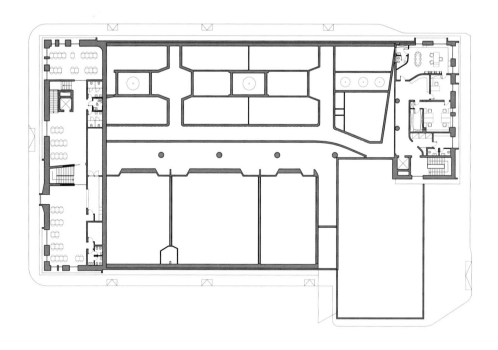

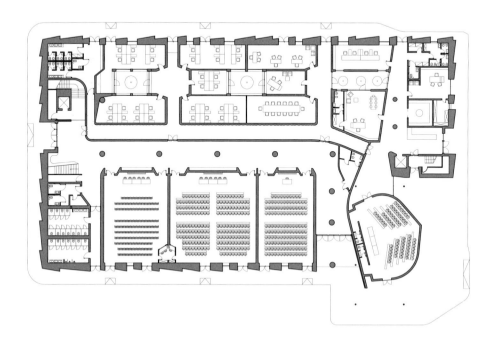

Indaco partenopeo   Vitaliano Trevisan

1 There is no architecture without action, no architecture without events,
* no architecture without program.*
2 By extension, there is no architecture without violence.

Bernard Tschumi

L'obbiettività non esiste, e per questo siamo faziosi — così la Comunicazione.

L'Architettura non è comunicazione. Per alcuni lo è — sarti rammendatori, giardinieri (verticali, orizzontali, paesaggisti del terzo mondo eccetera). Non per Cherubino Gambardella, architetto in Napoli (quando è a Napoli), il cui animo gentile prende sì atto della natura inevitabilmente violenta dell'arte sua, ma si guarda bene dall'assecondarla. Da qui il suo viscerale rifiuto della Prospettiva.

Perspectiva: questo il nome corretto, ovvero un bisturi (glaciale) che taglia lo spazio come burro il coltello rovente — l'Alberti stesso, uomo onesto, ben cosciente della distanza tra la *perspectiva artificialis* delle fonti medievali dell'ottica e la loro applicazione in campo artistico e figurativo, preferirebbe *intersegazione*.

Cherubino, anch'egli uomo onesto, ben cosciente della delicatezza dell'intervento, usa di bisturi e sega (chirurgica) solo se costretto. È vero. È inevitabile. Capita, di dover tagliare e segare, ogni tanto; ma solo là dove altro, anziché guarire, guasterebbe. Uomo e architetto euclideo, e perciò "superficiale": piante, prospetti, sezioni, assonometrie, scorci.

E poi, più che la forometria è la cromografia, ovvero gli inserti (intarsi) di colore — in questo caso una particolare frequenza di blu mediterraneo (partenopeo) — ad approfondire ciò che comunque è piatto solo sulla carta. In sintesi estrema, ecco un'architettura gentile, ironica e barocca.

Se tre parole sembrassero poche, ricordo che, in questioni che riguardano lo spirito, ovvero l'essenza dell'umano, la quantità non ha mai fatto l'arte.

Neapolitan blue

1 There is no architecture without action, no architecture without events,
* no architecture without program.*
2 By extension, there is no architecture without violence.

Bernard Tschumi

Objectivity does not exist, and for this reason we are biased—so is Communication.

Architecture is not communication. For some it is—tailors, menders, gardeners (vertical, horizontal, third world landscapers, etcetera). Not for Cherubino Gambardella, architect in Naples (when he is in Naples), whose kind soul takes note of the inevitably violent nature of his art, but is careful not to go along with it. Hence his visceral rejection of the Perspective.

Perspectiva: this is the correct name, that is a (glacial) scalpel that cuts the space like butter the hot knife—Alberti himself, an honest man, well aware of the distance between the *perspectiva artificialis* of the medieval sources of optics and their application in the artistic and figurative field, would prefer *intersegation*.

Cherubino, also an honest man, well aware of the delicacy of the intervention) every intervention uses a scalpel and (surgical) saw, only if forced. It is true. It is inevitable:

it happens that you have to cut and saw, every now and then; but only where else, instead of healing, it would hurt. Euclidean man and architect, and therefore "superficial": plans elevations sections axonometries glimpses.

And then, more than the hole, it is the chromography, that is the inserts (inlays) of color—in this case a particular frequency of Mediterranean blue (Neapolitan)—to deepen what is still flat only on paper. In extreme synthesis, here is a gentle, ironic and baroque architecture.

If three words seem few, I remember that, in matters concerning the spirit, or the essence of the human, quantity has never made art.

Azul partenopeo

1 *No hay arquitectura sin acción, no hay arquitectura sin eventos, no hay arquitectura sin programa.*
2 *Por extensión, no hay arquitectura sin violencia.*

Bernard Tschumi

La objetividad no existe, y por eso estamos sesgados, al igual que la comunicación. La arquitectura no es comunicación. Para algunos lo es: sastres, remendadores, jardineros (paisajistas verticales, horizontales, del tercer mundo, etcétera). No lo es para Cherubino Gambardella, un arquitecto en Nápoles (cuando está en Nápoles), cuya alma amable toma nota de la naturaleza inevitablemente violenta de su arte, aunque tiene cuidado de no seguirla. De ahí proviene su visceral rechazo a la perspectiva.

Perspectiva: éste es el nombre correcto, el bisturí que corta el espacio como mantequilla. El mismo Alberti, un hombre honesto, consciente de la distancia entre la perspectiva artificial de las fuentes medievales, de la óptica y su aplicación en el campo artístico y figurativo, preferiría la intersección.

Cherubino, también un hombre honesto, muy consciente de la delicadeza de toda intervención, usa un bisturí y una sierra quirúrgica. Es inevitable: sucede que hay que cortar y aserrar, pero sólo donde, en lugar de curar, dolería. Es un hombre y arquitecto euclidiano, y por lo tanto "superficial": plantas, alzados, secciones y axonometrías.

Y luego, más que la fotometría, es la cromografía; es decir, las inserciones de color —en este caso una frecuencia particular del azul mediterráneo (napolitano)— para profundizar lo que todavía es plano sólo en papel. En síntesis extrema, aquí hay una arquitectura dulce, irónica y barroca.

Si tres palabras me parecen pocas, recuerdo que, en lo que concierne al espíritu, o la esencia de lo humano, la cantidad nunca ha hecho arte.

Case popolari

Napoli, Italia | 2003-2012 | 7,000 m²

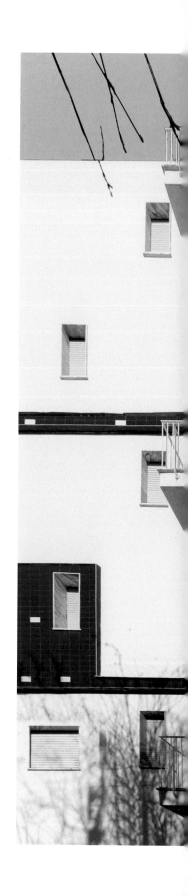

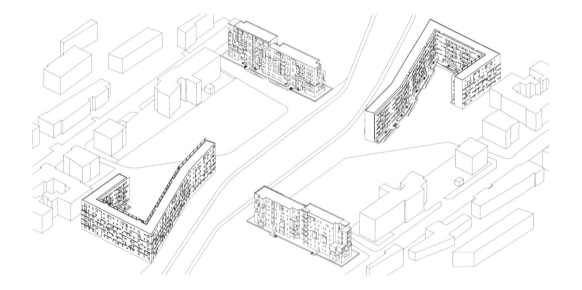

Attico a forma di cappello
Bernard Khoury

Da Napoli a Beirut, le città mediterranee sono troppo spesso rappresentate attraverso un quadro riduttivo. Attenzione a queste semplificazioni che possono generare classificazioni superficiali di un luogo e della sua gente. Cherubino Gambardella non rientra in nessuno di questi territori o razze catalogate. Non è il classico Napoletano abituale. Potreste chiamarlo un "supernapoletano", l'iniziatore di una modernità molto particolare, una stravagante supermodernità mediterranea, che sfugge a tutte le definizioni fisse e insipide. La sua relazione carnale con il contesto lo rende il super-locale che a volte può sembrare imprudente o irresponsabile. Può fare ciò che il timido estraneo, il saggio e il cauto non faranno mai. È una specie in via di estinzione e, molto probabilmente, uno degli ultimi architetti spericolati che è riuscito a rimanere vivo e in salute nutrendosi della città e delle sue patologie per produrre deviazioni architettoniche non ortodosse e tuttavia situazioni significative. Non ha alcun ruolo nelle storie moderate e sobrie che favoriscono il radicalismo confortevole, il cinismo o la buona condotta. Il suo lavoro non conferma nessuna delle prevedibili e noiose realtà che governano le più celebri pratiche di architettura. Sopravvive all'ottusità delle tendenze architettoniche odierne costruendo proprie realtà straordinarie. Lo fa attraverso abili manipolazioni, perversioni e celebrazioni dell'ordinario. Il suo attico bioclimatico a forma di cappello, a Napoli, ricorda il suo personaggio. Assume un atteggiamento gentile sulla struttura compiacente del 19° secolo che contamina. Paradossalmente, questo gesto delicato produce anche uno scontro significativo con le formidabili architetture e le tante icone che si trovano nello skyline dei suoi dintorni. Per quanto parassitario possa sembrare all'inizio l'intervento, questa bella aggiunta al meraviglioso disordine di Napoli rende un senso di continuità con il suo ambiente disarmonico ma pittoresco. Senza di essa e senza di lui, il tableau poteva sembrare generico e fin troppo familiare.

Hat-shaped penthouse

From Naples to Beirut, Mediterranean cities are too often portrayed through a reductive tableau. Beware of these sorts of simplifications that can generate superficial classifications of a place and its people. Cherubino Gambardella does not fit into any of these catalogued territories or breeds. He is not your regular Neapolitan. You may call him a "super-Neapolitan", the initiator of a very particular kind of modernity, an odd Mediterranean super-modernity, which escapes all the set and insipid definitions. His carnal relationship to the context makes him the super-local who may sometimes seem imprudent or irresponsible. He can do what the timid outsider, the wise, and the cautious will never do. He is an endangered species and, most probably, one of the last reckless architects who managed to stay alive and healthy by feeding on the city and its pathologies to produce unorthodox architectural deviations and yet meaningful situations. He has no role in the moderated and restrained histories that favour comfortable radicalism, cynicism, or good conduct. His work does not confirm any of the predictable and boring realities that govern most celebrated architectural practices. He survives the dullness of present-day architectural trends by constructing extraordinary realities of his own. He does it through skillful manipulations, perversions, and celebrations of the ordinary. His hat-shaped bioclimatic penthouse, in Napoli, resembles his personality. It takes a gracious posture over the complaisant 19th-century structure it contaminates.

Paradoxically, this delicate gesture also produces a meaningful clash with the formidable architectures and many icons found in the skyline of its surroundings. As parasitical as the intervention may appear at the outset, this fine addition to the wonderful disorder of Naples renders a sense of continuity with its disharmonious yet picturesque environment. Without it and without him, the tableau may have looked generic and all too familiar.

Ático en forma de sombrero

Desde Nápoles hasta Beirut, las ciudades mediterráneas son retratadas con frecuencia a través de un cuadro reductivo. Cuidado con este tipo de simplificaciones que pueden generar clasificaciones superficiales de un lugar y su gente. Cherubino Gambardella no entra en ninguno de estos territorios o castas catalogadas. No es el estereotipo del napolitano habitual. Se le podría llamar un "supernapolitano", iniciador de una modernidad muy particular, una extraña supermodernidad mediterránea, que escapa a cualquier definición fija y de mal gusto. Su relación carnal con el contexto lo convierte en el superlocal que, a veces, parece imprudente o irresponsable. Él puede hacer lo que no harían ni el extranjero tímido, el sabio o el prudente. Es una especie en peligro de extinción y, muy probablemente, uno de los últimos arquitectos imprudentes que han logrado mantenerse vivos y saludables alimentándose de la ciudad y sus patologías para, así, producir desviaciones arquitectónicas poco ortodoxas aunque sí situaciones significativas. No juega ningún papel en historias moderadas y sobrias que fomentan el cómodo radicalismo, el cinismo o el buen comportamiento. Su trabajo no confirma ninguna de las realidades predecibles y aburridas que gobiernan los estudios de arquitectura más famosos. Sobrevive a la monotonía de las tendencias arquitectónicas actuales construyendo sus propias realidades extraordinarias. Lo hace a través de hábiles manipulaciones, perversiones y celebraciones de lo ordinario. Su ático bioclimático con forma de sombrero, en Nápoles, semeja a su carácter. Adopta una graciosa postura sobre la complaciente estructura decimonónica a la que contamina. Paradójicamente, este delicado gesto también produce un choque significativo con la formidable arquitectura y los múltiples iconos que se encuentran en el horizonte de su entorno. Al principio, por más parasitaria que pueda parecer la intervención, esta hermosa adición al maravilloso desorden de Nápoles da una sensación de continuidad con su escenario discordante pero pintoresco. Sin eso y sin él, el cuadro podría parecer genérico y demasiado familiar.

Casa

Napoli, Italia | 2009 | 200 m²

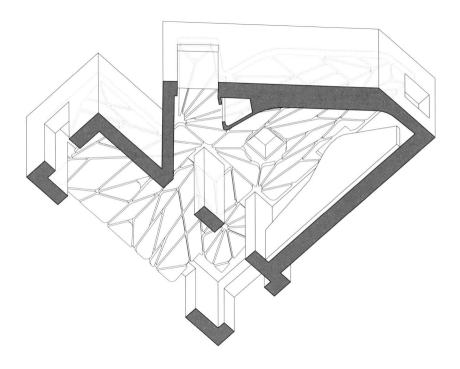

Su mezquita

Luca Molinari

Un edificio prefabbricato lungo l'antica strada romana della Via Appia.

Uno dei tanti sorti in maniera indifferente generando quel pulviscolo di mini architetture urlanti che popolano i nostri territori metropolitani. La richiesta del committente è di ristrutturare l'edificio esistente e definire una nuova identità che emerga. La scelta di Gambardella è spiazzante, ovvero quello di realizzare un ipostilo di ottantotto colonne di sezione differente che venga posto davanti al portale d'ingresso. Uno spazio apparentemente inutile e inutilizzabile. Una foresta di pilastri di cemento che regge una sottile copertura sbilenca aumentando l'effetto di vertigine di questo nuovo soggetto che muta la percezione di tutto il complesso. Una scenografia paradossale che nella notte provoca (grazie a un'illuminazione spettacolare che aumenta in maniera grottesca) l'effetto monumentale cercato dal progettista.

Cherubino Gambardella alza il volume dove il contesto era già stonato, ma lo fa generando un oggetto anomalo e spiazzante che risuona di mondi arcaici, come se questo ipostilo fosse un frammento archeologico, il resto di un'architettura antica, appena restaurata e integrata violentemente a un oggetto scatolare, indifferente.

La memoria sfocata della cultura classica, che ha costruito il paesaggio monumentale e diffuso di questa terra, viene richiamata attraverso una provocazione concettuale che si fa forma spiazzante, fuori scala, per un mondo che ha smarrito la propria identità in maniera irrimediabile.

È nello scarto semantico e formale che l'ironia pop, sfrontata, dell'architetto napoletano prende forma, giocando sul classico e le sue infinite varianti con leggerezza quasi infantile e, per questo, efficace.

Il nuovo personaggio posto all'ingresso anticipa un'importante ristrutturazione interna che vede la realizzazione di una scala centrale di distribuzione sui due piani e l'organizzazione del piano terra come una sequenza fluida di spazi che possano ospitare eventi e piccole mostre temporanee.

About the mosque

A prefabricated building that is along the ancient Roman road of the Via Appia.

One of the many streets that arose in an indifferent way, generating that dust of screaming mini architectures that populate our metropolitan territories. The client's request was to renovate the existing building and define a new identity. Gambardella's choice is surprising, namely that of creating a hypostyle of eighty-eight columns of different sections that is placed in front of the entrance portal. An apparently useless and unusable space. A forest of concrete pillars supports a thin lopsided roof, increasing the vertigo effect of this new subject that changes the perception of the whole complex. A paradoxical scenography that provokes in the night thanks to spectacular lighting that increases in a grotesque way the monumental effect sought by the designer.

Cherubino Gambardella raises the volume where the context was already out of tune, but it does so by generating an anomalous and unsettling object that resonates with archaic worlds, as if this hypostyle were an archaeological fragment, the rest of an ancient architecture, just restored and violently integrated into a box-like object, indifferent.

The fuzzy memory of classical culture, which built the monumental and widespread landscape of this land, is recalled through a conceptual provocation that becomes unsettling, out of scale, for a world that has irremediably lost its identity.

It is in the semantic and formal gap that the cheeky pop irony of the Neapolitan architect takes shape, who plays on the classic and its infinite variations with an almost childlike lightness and, for this reason, effective.

The new character placed at the entrance anticipates an important internal renovation that sees the construction of a central distribution staircase on two floors and the organization of the ground floor as a fluid sequence of spaces that can host events and small temporary exhibitions.

Acerca de la mezquita

Un edificio prefabricado que está a lo largo de la antigua calzada romana de la Via Appia.

Una de las tantas calles que surgieron de manera indiferente, generando ese polvo de miniarquitecturas gritonas que pueblan nuestros territorios metropolitanos. La solicitud del cliente fue renovar el edificio existente y definir una nueva identidad. Sorprende la elección de Gambardella, concretamente la de realizar un hipóstilo de 88 columnas de diferentes tramos, colocado delante del portal de entrada. Un espacio aparentemente inútil e inutilizable. Un bosque de pilares de concreto soporta un delgado techo ladeado, aumentando el efecto de vértigo de este objeto nuevo que cambia la percepción de todo el conjunto. Una escenografía paradójica que, en la noche, provoca, gracias a una iluminación espectacular que aumenta de forma grotesca, el efecto monumental buscado por el diseñador.

Cherubino Gambardella eleva el volumen donde el contexto ya estaba fuera de tono, pero lo hace generando un objeto anómalo e inquietante que resuena con mundos arcaicos, como si este hipóstilo fuera un fragmento arqueológico, el resto de una arquitectura antigua, recién restaurada y violentamente integrada, de manera casi indiferente, dentro de una forma de caja.

La memoria difusa de la cultura clásica, que construyó el paisaje monumental y extenso de esta tierra, se recuerda a través de una provocación conceptual que se vuelve inquietante, fuera de escala, para un mundo que ha perdido irremediablemente su identidad.

Es en la brecha semántica y formal donde toma forma la descarada ironía pop del arquitecto napolitano que juega con lo clásico y sus infinitas variaciones con una ligereza casi infantil y, por ello, efectiva.

El nuevo carácter colocado en la entrada anticipa una importante renovación interna que contempla la construcción de una escalera de distribución central en dos plantas y la organización de la planta baja como una secuencia fluida de espacios que pueden albergar eventos y pequeñas exposiciones temporales.

Palazzo per uffici

Bonea, Italia | 2001-2002 | 2,400 m²

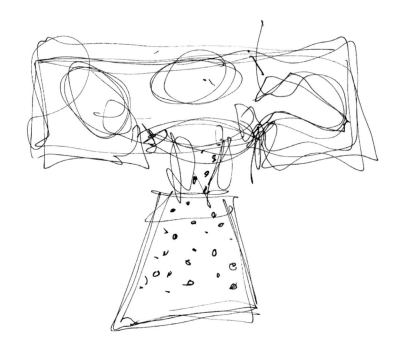

Un soffitto d'oro e un albero

Sara Marini

Due strade si biforcano nell'affrontare la rinascita di un vecchio rudere trovato in una collina che sente il respiro del mare. La prima strada fonde l'architettura con la sua ultima storia, tramuta le sue povertà in un'arte dell'abitare, la costringe ad una resurrezione fatta di sabbia e cemento nella quale la deambulazione dei corpi — coincidendo con il mutare dei luoghi — si fa monumento, ovvero memoria di un istante, in questo caso di tutti gli istanti che saranno. Questa via coincide con la seconda nel voler cercare le ragioni di una sovrascrittura non scontata, nel confermare la scelta della preesistenza proiettandola in un'altra storia, insistono entrambe su una ricerca di forme dell'aura.

La seconda via, quella qui intrapresa costruendo un dorato soffitto plissettato e incastonando un olivo in facciata, afferma la necessità del ritorno del palazzo come baluardo dell'architettura. Il progetto realizzato evita la terra o meglio media con la stessa una distanza attraverso un piano che solo in parte coincide con quello della casa, rimette in uso il ruolo del basamento. Le finestre si espongono come presenze autonome e profonde; i materiali, come nuovi Caronte, traghettano il ritorno dell'ornamento; il paesaggio è dentro. La natura è costretta, riecheggiando ancora antichi palazzi, a farsi soggetto della scena: l'olivo è convocato sul palco come uno smeraldo in un anello. Non c'è spazio per il non finito; anzi, la casa è un abito che nasconde un ventre trovato, il numero degli strati delle stoffe è volutamente eccessivo, ogni nostalgia di un passato rurale è negata: la casa è nobilitata, distaccata dal contesto. Come in un'arca inversa qui il viaggio è dentro la cassa del tesoro, il luogo è costretto ad accettare di non essere più testimone di uno sguardo prossimo ma di farsi mare. Il piccolo palazzo, foderato di tubi di plastica arancioni, mette in uso un discorso sul "ritrovamento" della decorazione. Così, dilettandosi, custodisce il segreto del corpo dell'architettura.

A golden ceiling and a tree

Two roads fork in the face of the rebirth of an old ruin found on a hill that feels the breath of the sea. The first street merges architecture with its latest history, transforms its poverty into an art of living, forces it to a resurrection made of sand and concrete in which the walking of bodies—coinciding with the changing of places—is it makes a monument, or memory of an instant, in this case of all the instants that will be. This path coincides with the second in wanting to look for the reasons for an unexpected overwriting, in confirming the choice of the pre-existence by projecting it into another story, both insist on a search for forms of the aura.

The second way, the one undertaken here by building a golden pleated ceiling and setting an olive tree on the facade, affirms the need for the building to return as a bulwark of architecture. The project carried out avoids the ground or rather averages with it a distance through a floor that only partially coincides with that of the house, puts back into use the role of the basement. The windows are exposed as autonomous and profound presences; the materials, like new Charon, lead the return of the ornament; the landscape is inside. Nature is forced, still echoing ancient buildings, to become the subject of the scene: the olive tree is summoned to the stage like an emerald in a ring. There is no room for the unfinished; indeed, the house is a dress that hides a found belly, the number of layers of the fabrics is deliberately excessive, any nostalgia for a rural past is denied: the house is ennobled, detached from the context. As in an inverse ark, here the journey is inside the treasure chest, the place is forced to accept that it is no longer a witness to a near sight but to become sea. The small palace, lined with orange plastic tubes, uses a discourse on the "discovery" of the decoration. Thus, while delighting, he guards the secret of the body of architecture.

Un techo dorado y un árbol

Dos caminos se bifurcan ante el renacimiento de una antigua ruina que se encuentra en un cerro que siente el aliento del mar. La primera calle fusiona la arquitectura con su historia más reciente, transforma su pobreza en un arte de vivir, la obliga a una resurrección hecha de arena y concreto en la que el andar de los cuerpos, coincidiendo con el cambio de lugar, hace monumento o recuerdo de un instante, en este caso de todos los instantes que serán. Este camino coincide con el segundo en querer buscar los motivos de una sobreescritura inesperada, en confirmar la elección de la preexistencia proyectándola en otra historia: ambos insisten en la búsqueda de formas del aura.

La segunda vía, la que se realiza aquí mediante la construcción de un techo plisado dorado y la colocación de un olivo en la fachada, afirma la necesidad de que el edificio se vuelva un baluarte de la arquitectura. El proyecto realizado evita el suelo o, más bien, promedia con él una distancia a través de un piso que sólo coincide parcialmente con el de la casa y recupera el papel del basamento. Las ventanas se exponen como presencias autónomas y profundas; los materiales, como nuevos Caronte, conducen al regreso del adorno; el paisaje está adentro. La naturaleza se ve obligada, aún haciendo eco de los edificios antiguos, a convertirse en el tema de la escena: el olivo es convocado al escenario como una esmeralda en un anillo. No hay lugar para lo inacabado; en efecto, la casa es un vestido que esconde una barriga y las capas de las telas son deliberadamente excesivas, y niegan cualquier nostalgia por un pasado rural: la casa se ennoblece, se desvincula del contexto. Como en un arca inversa, aquí el viaje es dentro del cofre del tesoro, el lugar se ve obligado a aceptar que ya no es testigo de una vista cercana, sino que se convierte en mar. El pequeño palacio, revestido con tubos de plástico naranja, utiliza un recurso sobre el "descubrimiento" de la decoración. Así, mientras se deleita, guarda el secreto del cuerpo de la arquitectura.

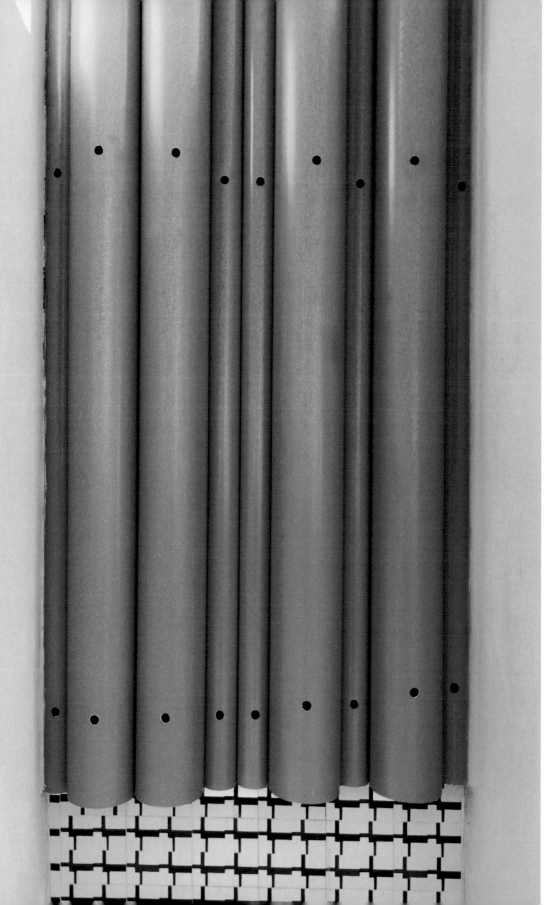

Villa

Giungano, Italia | 2019-2020 | 160 m²

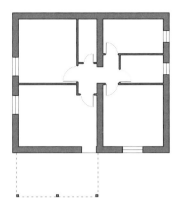

Stato di fatto Previous state Estado previo

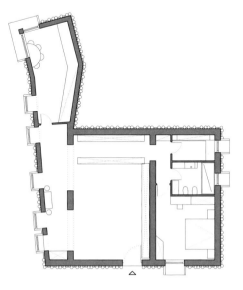

Progetto Project Proyecto

Torre dello Ziro

Marco Filoni

Salire sulla Torre dello Ziro è un impeto della vertigine. Ci si avvicina alla sommità, ma è un avvicinamento che misura la distanza che separa da una promessa di felicità. Lì sopra, in alto, di fronte a Ravello, è l'estasi dello sguardo. Lì in alto, su quel baluardo severo costruito nel Cinquecento, si è affacciato Cherubino Gambardella. A osservare quel paesaggio che, come in un Bellotto, è solcato da brividi e luci infinitesime. Da lì si sono visti secoli alla fine e secoli che nascevano, una storia che finiva e una che inizia-va. E nel paesaggio che Gambardella ha scorto, fra utopie abortite come in un sogno, ha ripensato quell'ultima impossibile dimora. E come in un discorso di parole difficili, parole che mirano a flettere la lingua, parole pronunciate elegantemente da alcuni pellegrini del fondamento, ha ridefinito gli spazi che avrebbero permesso allo sguardo quella vertigine. E lo ha fatto con estro, come in una narrazione inebriante. Compito non facile, partendo dal presupposto che è proprio l'ignoto a costituire l'essenza della vertigine; la quale si è sempre definita sulla sensazione di vuoto, di vago, di un abisso i cui argini ci hanno sempre affascinato. Già perché la vertigine non è soltanto terrore che fa girar la testa: allo stesso tempo è voluttà, è un capogiro che attrae — e tanto più è temibile tanto più diviene un male inevitabile, mysterium tremendum et fascinans. Così l'edificio medievale anticamente posto a guardia della placida e bellicosa Amalfi è diventato di nuovo percorribile: attraversabile per linee verticali ("una ripida scala metallica che sembra un serpente dal corpo luminoso", scrive Gambardella), armo-nioso nel balletto tra la severità della forma difensiva e il camminamento di ronda, sinuoso, che lo avvolge placido — e sembra di guardare quell'architettura immaginata da Kafka nel suo racconto *La tana*, come risposta all'eccessivo soggiorno nell'asso-luta libertà. Qui al contrario l'edificio appare come una cicatrice del reale. Bellissima e potente.

Tower of the Ziro

Climbing the Torre dello Ziro is a rush of vertigo. You approach the top, but it is an approach that measures the distance that separates it from a promise of happiness. Up there, up high, in front of Ravello, is the ecstasy of the gaze. Up there, on that severe bulwark built in the sixteenth century, Cherubino Gambardella looked out. To observe that landscape which, as in a Bellotto, is furrowed by shivers and infini-tesimal lights. From there, centuries have ended and centuries have begun, a story that ended and one that began. It is in the landscape that Gambardella saw among aborted utopias as in a dream, he rethought that last impossible home. And as in a discourse of difficult words, words that aim to flex the language, words elegantly pronounced by some pilgrims of the foundation, he redefined the spaces that would have allowed the gaze onto that vertigo. He did it with flair, as in an intoxicating story. Not an easy task, assuming that it is precisely the unknown that constitutes the essence of vertigo; which has always been defined on the feeling of emptiness, vague, an abyss whose banks have always fascinated us. Yes, because vertigo is not only terror that makes your head spin: at the same time, it is voluptuousness, it is a dizziness that attracts—and the more fearful it is, the more it becomes an inevita-ble evil, mysterium tremendum et fascinans. Thus, the medieval building formerly placed to guard the placid and warlike Amalfi has once again become passable: traversable by vertical lines ("a steep metal staircase that looks like a snake with a luminous body", writes Gambardella), harmonious in the ballet between the severity of defensive form and the sinuous patrol walkway that surrounds it placidly— and it seems to look at that architecture imagined by Kafka in his story *The Burrow*. The den as a response to the excessive stay in absolute freedom. Here, on the contrary, the building appears as a scar of reality. Beautiful and powerful.

Torre dello Ziro

Subir a la Torre dello Ziro es una oleada de vértigo. Uno se acerca a la cima, pero es un acercamiento que mide la distancia que te separa de una promesa de felicidad. Allí arriba, frente a Ravello, está el éxtasis de la mirada. Desde allí arriba, sobre ese severo baluarte construido en el siglo XVI, miraba Cherubino Gambardella. Para observar ese paisaje que, como en un Bellotto, está surcado por escalofríos y luces infinitesimales. A partir de ahí vimos el final de siglos y siglos que nacieron también en ese lugar, una historia que terminó y otra que comenzó. Y en el paisaje que vio Gambardella, entre utopías abortadas como en un sueño, repensó ese último hogar imposible. Y como en un discurso de palabras difíciles —palabras que pretenden flexionar el lenguaje, palabras elegantemente pronunciadas por algunos peregrinos de la fundación—, redefinió los espacios que habrían permitido la mirada hacia ese vértigo. Y lo hizo con estilo, como en una narrativa embriagadora. No es una tarea fácil, partiendo del supuesto de que es precisamente lo desconocido lo que constituye la esencia del vértigo, que siempre se ha definido con la sensación de vacío, de un abismo cuyas orillas siempre nos han fascinado. Sí, porque el vértigo no es sólo el terror que hace girar la cabeza: al mismo tiempo es voluptuosidad, es un vértigo que atrae, y cuanto más espantoso es, más se convierte en un mal inevitable, *mysterium tremendum et fascinans*. Así, el edificio medieval antes colocado para custodiar la plácida y guerrera Amalfi ha vuelto a ser accesible: transitable por líneas verticales ("una empinada escalera de metal que parece una serpiente con un cuerpo luminoso", escribe Gambardella), armoniosa en un ballet que se da entre la severidad de la forma defensiva y la sinuosa pasarela que la rodea plácidamente —y parece mirar esa arquitectura imaginada por Kafka en su cuento "La obra", como respuesta a la excesiva estancia en absoluta libertad—. Aquí, por el contrario, el edificio aparece como una cicatriz de la realidad. Hermoso y poderoso.

Restauro

Costiera amalfitana, Italia | 2003-2004 / 2006-2008 | 250 m²

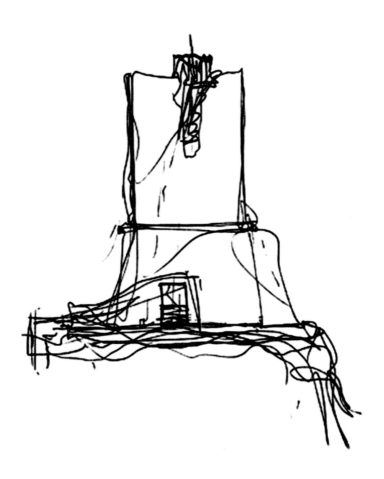

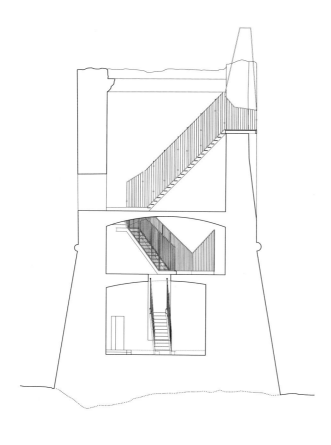

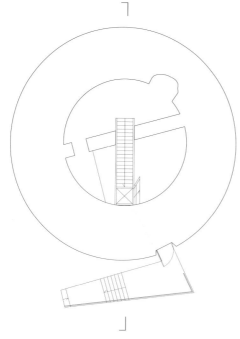

Atelier gambardellarchitetti, Napoli

Progetto architettonico Architectural
project Proyecto arquitectónico
**Cherubino Gambardella, Simona
Ottieri**

Fotografia Photography Fotografía
Cherubino Gambardella

Case popolari, Ancona

Progetto architettonico Architectural
project Proyecto arquitectónico
**Cherubino Gambardella + Simona
Ottieri, Lorenzo Capobianco, Marco
Zagaria, Giulia Bonelli, Riccardo Rosi**

Fotografia Photography Fotografía
Peppe Maisto, tranne except
excepto pp. 28-29 in alto top arriba:
Cherubino Gambardella

Biblioteca del Dipartimento di
Architettura e Disegno Industriale
dell'Università degli Studi della
Campania Luigi Vanvitelli, Aversa

Progetto architettonico Architectural
project Proyecto arquitectónico
**Cherubino Gambardella + Simona
Ottieri, Lorenzo Capobianco,
Corrado Di Domenico**

Disegni esecutivi e Direzione
dei lavori Executive plans and
construction management Planos
ejecutivos y supervisión de obra
Antonio Maio

Fotografia Photography Fotografía
Mario Ferrara

Restauro della Casa del Fascio,
Lissone

Progetto architettonico Architectural
project Proyecto arquitectónico
Cherubino Gambardella
(Responsabile scientifico Scientific
director Director científico), **Simona
Ottieri** (Progetto esecutivo della
variante e direzione dei lavori
Executive project of the variant
and construction management
Proyecto ejecutivo de la variante y
supervisión de obra) **+ Alessandro
Marotti Sciarra, Luigi Arcopinto,
Francesca Filosa, Antonella Mollo
Dirk Cherchi** (Responsabile Unico
del Procedimento - RUP
Responsible for the procedure
Responsable del procedimiento)

Fotografia Photography Fotografía
Andrea Martiradonna

Villa, Itri

Progetto architettonico Architectural
project Proyecto arquitectónico
**Cherubino Gambardella, Simona
Ottieri + Alessandro Marotti Sciarra,
Rosalba Di Maio**

Fotografia Photography Fotografía
Peppe Maisto

Scuola professionale,
Kelle sur Mer

Progetto architettonico Architectural
project Proyecto arquitectónico
**Cherubino Gambardella
+ Antonio Balsamo, Lorenzo De
Rosa, Marco Pignetti, Salvatore
Scandurra**

Fotografia Photography Fotografía
Nicola Tranquillo

Tegurium e capilla, Cimitile

Progetto architettonico Architectural
project Proyecto arquitectónico
**Cherubino Gambardella
+ Luigi Arcopinto**

Fotografia Photography Fotografía
Mario Ferrara

Stazione Scampia, Napoli

Progetto architettonico Architectural
project Proyecto arquitectónico
**Cherubino Gambardella,
Simona Ottieri**

Gruppo di progettazione
Design team Equipo de diseño
**Alessandro Marotti Sciarra,
Alessandra Acampora, Antonio
Capolongo, Francesca Filosa**

Coordinamento artistico Art
coordination Coordinación artística
Mariapia Incutti

Artisti Artists Artistas
**Luciano Romano
Gianmaria Tosatti
Enzo Palumbo**

Fotografia Photography Fotografía
**Cherubino Gambardella, Luciano
Romano**

Edificio residenziale, Montesarchio

Progetto architettonico Architectural
project Proyecto arquitectónico
**Cherubino Gambardella,
Simona Ottieri**

Fotografia Photography Fotografía
Peppe Maisto

Nuovo Rettorato dell'Università degli Studi della Campania Luigi Vanvitelli, Caserta

Rettore Rector Rector
Giovanni Francesco Nicoletti

Progetto architettonico Architectural project Proyecto arquitectónico
Cherubino Gambardella

Design degli interni Interior design Diseño de interiores
Simona Ottieri

Staff Team Equipo
Simona Ottieri, Lorenzo Capobianco, Corrado Di Domenico, Maria Gelvi, Alessandro Marotti Sciarra, Rosalba Di Maio, Alessandra Acampora, Luigi Arcopinto, Francesca Filosa

Coordinamento del progetto esecutivo Executive project coordination Coordinación del proyecto ejecutivo
Gianfranco De Matteis

Progetto esecutivo Executive project Proyecto ejecutivo
Lucio Esposito

Struttura Structure Estructura
Giorgio Frunzio

Direzione dei lavori Construction management Supervisión de obra
Nunzio Guadagno

Direzione esecutiva degli interni Interior executive direction Dirección ejecutiva de interiores
Massimo Magrone

Prove Testing Pruebas
Amedeo Lepore

Fotografia Photography Fotografía
Mario Ferrara

Case popolari, Napoli

Progetto architettonico Architectural project Proyecto arquitectónico
Cherubino Gambardella + Simona Ottieri, Lorenzo Capobianco, Giulia Bonelli

Fotografia Photography Fotografía
Pp. 102-103: Cherubino Gambardella; p. 105: Francesco Jodice; pp. 106-107 in alto top arriba: Cherubino Gambardella; in basso a sinistra bottom-left abajo a la izquierda: Francesco Jodice; in basso a destra bottom-right abajo a la derecha: Filippo Romano

Casa, Napoli

Progetto architettonico Architectural project Proyecto arquitectónico
Cherubino Gambardella + Simona Ottieri

Fotografia Photography Fotografía
Peppe Maisto

Palazzo per uffici, Bonea

Progetto architettonico Architectural project Proyecto arquitectónico
Cherubino Gambardella, Simona Ottieri + Mario Russo, Giuliana Vespere

Fotografia Photography Fotografía
Peppe Maisto

Villa, Giungano

Progetto architettonico Architectural project Proyecto arquitectónico
Cherubino Gambardella, Simona Ottieri + Alessandro Marotti Sciarra, Alessandra Acampora, Antonio Capolongo

Fotografia Photography Fotografía
Cherubino Gambardella

Restauro, Costiera amalfitana

Progetto architettonico Architectural project Proyecto arquitectónico
Cherubino Gambardella, Simona Ottieri + Mario Russo

Fotografia Photography Fotografía
Peppe Maisto

Cherubino Gambardella (Napoli, 1962). Architetto e Professore ordinario di progettazione Architettonica, si muove tra Napoli e il resto del mondo costruendo la sua carriera sull'ideale della *bellezza democratica* attraverso la realizzazione di notevoli opere. I suoi progetti sono stati esposti in musei, fondazioni europee, americane e asiatiche nonché pubblicati sulle più accreditate riviste internazionali di architettura.

Direttore e fondatore della rivista scientifica *Dromos*, ha scritto oltre venti libri ed è stato più volte finalista alla Medaglia d'oro all'Architettura Italiana della Triennale di Milano. Inoltre, partecipa come autore invitato a varie edizioni della Mostra Internazionale di Architettura della Biennale di Venezia.

I suoi disegni di accumulazione sono il manifesto della sua poetica, veri racconti di Architettura che nell'arte del collage, gli consentono di esporre al MoMA di New York.

Nel 2015 realizza il Cluster Biomediterraneo all'Expo di Milano, premiato come uno dei migliori padiglioni internazionali.

Cherubino Gambardella (Naples, 1962). Architect and Full Professor of Architectural Design, he moves between Naples and the rest of the world, building his career on the ideal of democratic beauty through the creation of remarkable works. His projects have been exhibited in museums, European, American and Asian foundations as well as published in the most accredited international architecture magazines.

Director and founder of the scientific magazine *Dromos*, he has written over twenty books and was several times a finalist for the Gold Medal for Italian Architecture at the Milan Triennale. He also participates as an invited author in various editions of the International Architecture Exhibition of the Venice Biennale.

His collection of drawings is the manifesto of his poetics and true tales of architecture which in the art of collage allow him to exhibit at MoMA in New York.

In 2015 he created the Biomediterranean Cluster at the Milan Expo, awarded as one of the best international pavilions.

Cherubino Gambardella (Nápoles, 1962). Arquitecto y Catedrático de Diseño Arquitectónico, vive entre Nápoles y el resto del mundo, construyendo su carrera sobre el ideal de la belleza democrática mediante la creación de obras notables. Sus proyectos han sido expuestos en museos, fundaciones europeas, americanas y asiáticas. Además, se han publicado en las revistas internacionales de arquitectura más prestigiosas.

Director y fundador de la revista científica *Dromos*, ha escrito más de 20 libros y fue varias veces finalista de la Medalla de Oro de la Arquitectura Italiana en la Trienal de Milán. Además, participa como autor invitado en varias ediciones de la Exposición Internacional de Arquitectura de la Bienal de Venecia.

Los dibujos de su colección son el manifiesto de su poética, verdaderos relatos de arquitectura y del arte del *collage*, los cuales han sido expuestos en el MoMA de Nueva York.

En 2015, crea el Clúster Biomediterráneo en la Expo Milán, premiado como uno de los mejores pabellones internacionales.